［過去問］

2024
学習院初等科
入試問題集

JN084611

Shinga-kai

過去10年間の入試問題分析
出題傾向とその対策

2023年傾向

例年通り、生年月日の年少者から男女別で行われ、今年度は４日間で、個別テスト、集団テスト、運動テスト、保護者面接が実施されました。個別テストでは話の記憶、系列完成、常識などが出され、集団テストでは、巧緻性や生活習慣、玉入れゲームなどが行われました。個別テストと集団テスト中の待機時間には、無声の映像を見て静かに過ごすよう指示がありました。

傾　向

考査は男女別の生年月日順に出願番号が決まり、11月１日から５日の間で20〜24人のグループごとに日時が指定されます。考査当日は、志願者が番号札を引いて受験番号が決められ、その受験番号順に10〜12人ずつ誘導されて考査が行われます。保護者の面接も同時進行で子どもの考査中に実施されます。所要時間は１時間〜１時間45分くらいですが、当日引いた受験番号によって終了時間は異なります。考査内容は、個別テスト、集団テスト、運動テストとなっています。個別テストは１人ずつ教室に入り、テスターと記憶、お話作り、推理・思考、巧緻性、生活習慣、観察力や常識などの課題を行います。中でも記憶に関する問題はほぼ毎年出されていて、絵カードや形のカードなどの具体物を使用する問題から、言葉で答える話の記憶、絵の記憶までさまざまです。また、推理・思考の課題も、四方図、回転した風車の羽根の位置や輪になったリボンの１ヵ所を切ったときの様子を答える問題などバリエーションが豊富です。常識の課題では生活上の知識や道徳、交通規範を問う問題が出されています。集団テストでは、ゲームや制作活動を通して周囲とのかかわり方や作業に取り組む姿勢が見られています。制作を通して巧緻性を見られるほか、約束のあるゲームや指示行動が行われる中で、片づけやものの扱い方など生活習慣も問われます。制作や巧緻性の課題では紙を折る、セロハンテープで留める、ひもを通すなど基本的な項目が中心ですが、どのように作るのかという指示を１回で聞き取る力も必要です。玉入れやお手玉運びなどの集団ゲームでも、一度に持つことのできる玉の個数や投げる場所などの約束がありますので、それ

らを守ったうえで楽しく参加できることが大切です。また、共同制作なども出題されていますが、活動中のお友達とのかかわり方もポイントです。運動テストでは模倣体操やバランス運動など基本的な運動のほかに指示行動の出題が毎年あり、指示をしっかり聞き取って行動できるかだけでなく、声掛けや楽器の音などに反応して動作を変えられるかといった機敏性も見られています。面接は考査日に保護者のみで実施されます。面接官は２人で受験番号の偶数と奇数で分けられ、２つの部屋で行われます。面接時間は５分程度と短く、面接室の外で待っていてライトがつくと入室するというように、スムーズな流れで行われます。質問事項は多くはありませんが、志望理由や子どもとの接し方など、しっかり伝えられるようにまとめておく必要があります。

対　策

入試対策のポイントは、どの項目に対してもペーパーだけでの理解に偏ることなく、具体物を使用して理解を深めておくことです。特に個別テストの課題が多いので、ものの扱いに慣れ、よく見て、よく考える習慣をしっかり身につけておくことが大切といえます。また、絵を見てのお話作りでは、絵の様子から状況をイメージする力も必要です。ほかにも同じ絵や絵の違いを探す観察力、よくないところを探す常識の課題でも、言葉で伝える力が求められます。言語能力を培うには、お子さんと話をする機会をたくさんつくることです。本をたくさん読んであげるほか、日常生活の会話でも正しい日本語を話すことを心掛けましょう。まず親がよい聞き手に徹し、たとえ表現が間違っていてもすぐに指摘し訂正するのではなく、ヒントを投げかけて本人が気づくまで待つなど、根気よく聞いてあげる姿勢を大切にしてください。絵の中の子どもの気持ちを思いやったり、自分だったらどのように声をかけるか考えたりする常識の課題では、日常生活で育まれる心の豊かさや想像力が表れます。日ごろからさまざまな場面で、自分ならどうするかと考える習慣をつけ、他人を思いやることへ意識を向けていきましょう。親が何でもしてしまい、自ら手を出す必要のない子は、推理・思考の課題でも必要な「考える力」を持つ子に育ちません。日常生活の中で遊びながら具体物を使い、失敗や成功の体験を積んで解決能力を身につけていく必要があります。積み木や折り紙、鏡などを実際に自分で使用することによって、より正確に記憶され、理解力がつき、判断もスムーズにできるようになります。巧緻性や生活習慣については、折る、切る、なぞる、塗るなどのほかに、日常生活の中で洋服をたたんだり、ひもを結んだりといった手先を使って行う作業に慣れておくことが大事です。集団テストにおける行動観察の対策としては、けじめをつけること、場をわきまえた行動をとることを、日ごろからしつけとして心掛けておきましょう。例年、願書と一緒に提出してもよいというＡ５判の自由記入の用紙があります。なぜ学習院初等科を志望するのか、どのような家族であるかがはっきりとわかるように、家庭の教育方針も含めてまとめることが大切です。

年度別入試問題分析表

【学習院初等科】

	2023	2022	2021	2020	2019	2018	2017	2016	2015	2014
ペーパーテスト										
話										
数量										
観察力										
言語										
推理・思考										
構成力										
記憶										
常識										
位置・置換										
模写										
巧緻性										
絵画・表現										
系列完成										
個別テスト										
話	○	○	○	○	○	○	○	○		○
数量										
観察力		○	○	○				○		
言語		○	○	○	○					
推理・思考		○	○			○	○		○	
構成力				○			○			○
記憶						○	○			○
常識	○	○		○	○	○	○	○	○	
位置・置換										
巧緻性					○			○	○	○
絵画・表現										
系列完成	○									
制作										
行動観察										
生活習慣	○			○			○	○	○	○
集団テスト										
話					○					○
観察力										
言語							○			
常識										
巧緻性	○	○	○	○						
絵画・表現									○	
制作						○	○		○	○
行動観察							○			
課題・自由遊び										
運動・ゲーム	○	○	○	○	○	○		○	○	○
生活習慣	○									
運動テスト										
基礎運動		○	○		○	○	○	○	○	
指示行動	○	○	○	○	○	○	○	○	○	○
模倣体操	○			○					○	
リズム運動				○						
ボール運動										
跳躍運動	○		○							
バランス運動				○		○	○			○
連続運動										
面接										
親子面接										
保護者(両親)面接	○	○	○	○	○	○	○	○	○	○
本人面接										

※伸芽会教育研究所調査データ

小学校受験Check Sheet

　お子さんの受験を控えて、何かと不安を抱える保護者も多いかと思います。受験対策はしっかりやっていても、すべてをクリアしているとは思えないのが実状ではないでしょうか。そこで、このチェックシートをご用意しました。1つずつチェックをしながら、受験に向かっていってください。

✳ ペーパーテスト編

①お子さんは長い時間座っていることができますか。

②お子さんは長い話を根気よく聞くことができますか。

③お子さんはスムーズにプリントをめくったり、印をつけたりできますか。

④お子さんは机の上を散らかさずに作業ができますか。

✳ 個別テスト編

①お子さんは長時間立っていることができますか。

②お子さんはハキハキと大きい声で話せますか。

③お子さんは初対面の大人と話せますか。

④お子さんは自信を持ってテキパキと作業ができますか。

✳ 絵画、制作編

①お子さんは絵を描くのが好きですか。

②お家にお子さんの絵を飾っていますか。

③お子さんははさみやセロハンテープなどを使いこなせますか。

④お子さんはお家で空き箱や牛乳パックなどで制作をしたことがありますか。

✳ 行動観察編

①お子さんは初めて会ったお友達と話せますか。

②お子さんは集団の中でほかの子とかかわって遊べますか。

③お子さんは何もおもちゃがない状況で遊べますか。

④お子さんは順番を守れますか。

✳ 運動テスト編

①お子さんは運動をするときに意欲的ですか。

②お子さんは長い距離を歩いたことがありますか。

③お子さんはリズム感がありますか。

④お子さんはボール遊びが好きですか。

✳ 面接対策・子ども編

①お子さんは、ある程度の時間、きちんと座っていられますか。

②お子さんは返事が素直にできますか。

③お子さんはお父さま、お母さまと3人で行動することに慣れていますか。

④お子さんは単語でなく、文で話せますか。

✳ 面接対策・保護者（両親）編

①最近、ご家族での楽しい思い出がありますか。

②ご両親の教育方針は一致していますか。

③お父さまは、お子さんのお家での生活や幼稚園・保育園での生活をどれくらいご存じですか。

④最近タイムリーな話題、または昨今の子どもを取り巻く環境についてご両親で話をしていますか。

section 2023 学習院初等科入試問題

選抜方法

男女別の生年月日順に年少者から出願番号が決まり、考査日時は5日間のうち1日が指定される。考査当日は約24人単位で集合し、子どもが机の上の番号札を引いて当日の受験番号が決まる。受験番号順に約12人ずつ約30分の時間差で誘導され、個別テスト、集団テスト、運動テストが行われる。所要時間は1時間～1時間30分。子どもの考査中に保護者面接を行う。

個別テスト

個別テストの部屋は2部屋あり、各部屋の前の廊下で3人ずついすに座って待機する。入室後は立ったまま課題を行う。

1 話の記憶

（音声で出題）

「昨日は運動会でした。日曜日だったので、その代わりに今日は幼稚園がお休みです。それでも、たろう君はいつものように朝早く目が覚めました。とてもよいお天気で、お庭に咲いているキクのお花に水をやりました。お父さんが大切に育てていて、たろう君もお手伝いをしています。『今年も立派なお花が咲いたね』と話しながらお父さんと眺めていると、お母さんが『たろう、だんだん寒くなってきたから、今日はデパートに冬のお支度のお買い物に行きましょう。お天気がよくて気持ちがいいから、バス停まで歩いて、そこからバスに乗るのはどうかしら』と言いました。たろう君は『いいよ。何を買いに行くの？僕もデパートで見たいものがあるんだ』と答えて、お出かけ用のお洋服に着替えました。朝ごはんを食べて、洗濯物を干すお手伝いをしてから出発です。お隣のおじいさんが門の前に立っていたのであいさつをして真っすぐ歩いていくと、イチョウ公園があります。公園の真ん中に大きなイチョウの木があり、少しだけすべり台で遊んでいくことにしました。黄色いイチョウの葉が風で舞っているのを見て、『きれいだな。チョウチョみたいだな』とたろう君が思っていると、隣の交番のお巡りさんが、自転車で歩道を走っていた人と話している様子が見えました。公園を出て、すぐ隣の交番の角を右に曲がって少し歩くとケーキ屋さんがあります。ケーキ屋さんの先に郵便ポストがあるので、おばあさん宛ての手紙を出しました。しばらく歩くと本屋さんがあり、その前にバス停があります。少し待つと、バスが到着しました。たろう君とお母さんはバスに乗り、後ろの方の席に並んで座りました。運転手さんが『発車します。揺れますのでお気をつけください』と言うと、バスが動き出しました。たろう君はさっきのケーキ屋さんを思い出し、『今の季節はクリのケーキがおいしいだろうな』と考えていました。3つ目のバス停に着く前に『次はみどりデパートです』という案内が聞こえたので、たろう君はバスのボタンを押しました。デパートに着くと、最初に洋服売り場に行きました。お母さんは、年末のパーティーに着ていく

お洋服を買いに来たのです。黒いワンピースを着てみたら、お店の人に『お似合いですよ』と言われたのでそれに決めました。たろう君は大好きなサッカーチームの半そでのTシャツが気に入って着てみましたが、1つはダボダボで大きすぎ、もう1つはピチピチで小さすぎました。そこで今日はあきらめて、白い手袋だけ買ってもらいました。その後、地下の食品売り場に行くと、おいしそうなお魚や果物がたくさんあって、お母さんはつい買いすぎてしまいました。帰りのバスを降りると、たろう君は『春には小学生だから、僕が荷物を持つよ』と大きな荷物を持ちました。途中、重くて手が痛くなりましたが、頑張っているごほうびにお母さんがケーキ屋さんでクリのケーキを買ってくれました。たろう君は『このケーキ、食べたかったんだ。ありがとう』とにこにこ顔です。張り切ってお家まで荷物を持って帰りました」

- たろう君たちは何を買いましたか。絵から選んで、指でさして教えてください。
- お買い物から帰ってくるときの様子を選んで、指でさして教えてください。
- お買い物に行く途中にあったものが、左から順番に並んでいる段を指でさして教えてください。

2 生活習慣

B5判の箱の本体とふたに分けて、いろいろなものが用意されている。箱の中にはステープラー（ホチキス）、手帳、はさみ、削った鉛筆2本、ふたの中にはスティックのり、ラッションペン（10色でケース入り）、ピンポン球、三角のブロック2個、消しゴムが入っている。

- （ふたの中のものをさして）ここにあるものを箱にしまいましょう。今、箱に入っているものは動かさないように入れてください。ペンのケースは一番上に入れましょう。全部入れたらふたを閉めてください。

3 系列完成

果物が決まりよく並んでいる台紙、果物のカードが用意されている。
- 黒いところに入るカードを選んで、下の枠に入る順番に置きましょう。

4 常識（道徳）

- （町の絵を示される）よくないことをしている子どもを見つけて、指でさしましょう。どうしてよくないのか、その理由をお話ししてください。

集団テスト

各自の机に、穴の開いた板、綴じひも（赤、黒）、ファスナーつきケース（B4判）が用意されている。いすの背には、半そでの襟つきシャツが縦二つ折りでかけてある。

🔖 生活習慣

・シャツをたたんでケースに入れましょう。好きなたたみ方でよいですよ。立ったままやりましょう。

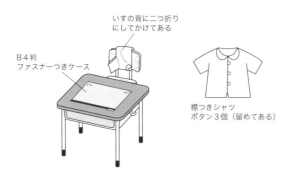

いすの背に二つ折り
にしてかけてある

B4判
ファスナーつきケース

襟つきシャツ
ボタン3個（留めてある）

5 推理・思考・巧緻性

スクリーンに映し出されたお手本をテスターが指示棒でさしながら、やり方の説明をする。

・これから、この穴の開いた板にひもを通します。赤いマークがついている穴は上から通します。黒いマークがついている穴は下から通します。マークがついていない穴は上と下どちらから通しても構いません。（スクリーンに、マークが並んだ絵aが映る）左のマークから順番に、板の穴に黒いひもを通しましょう。

・（スクリーンに、マークと穴が並んだ絵bが映る）左から順番に、板の穴に赤いひもを通しましょう。

🔖 玉入れゲーム

4、5人ずつの2、3チームに分かれて行う。床にジグザグに並んだフープの中を両足跳びで進み、3つ目のフープの横に置かれた箱の中を見ないようにして玉を1個取る。さらに両足跳びで進んだ後、横に並んだフープ3つのうち先ほど取った玉と同じ色のフープに入り、低い位置に置かれたバスケットボールのゴールを目がけて玉を投げる。外れた玉は拾わず、歩いてスタート位置に戻り列の後ろに並ぶ。次の人は、前の人が戻る途中で水色のラインを越えたらスタートする。音楽が流れている間くり返し行い、ゴール下に置かれたカゴに玉が多く入ったチーム、または箱の玉が先に全部なくなったチームの勝ち。待っている人は自分のチームを応援する。

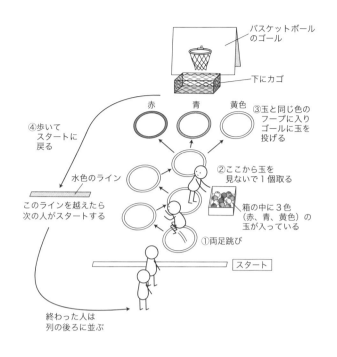

運動テスト

模倣体操

テスターのお手本と同じように、初めに右手右足を上げて立つ。小さくジャンプしながら左手左足を上げて右足で着地し、今度は小さくジャンプしながら右手右足を上げて左足で着地する。このような交互の動きを、太鼓の音に合わせてくり返し行う。

指示行動・ジャンプ

床にテープが1人1本ずつ縦に貼ってある。ラインに立ち、テスターの手拍子に合わせてジャンプする。1でラインの左に両足跳び、2でラインの右に両足跳び、3でラインを縦に挟みチョキで立ち、4で前後の足を替える。これをくり返し行う。

保護者面接

父　親

- ・志望された理由をお聞かせください。
- ・本院に期待することは何ですか。
- ・お子さんは幼稚園（保育園）でお友達とどのように遊んでいますか。よくしている遊びについて教えてください。
- ・休日はお子さんとどのように過ごされていますか。
- ・お子さんはご家庭でどのようなお手伝いをされていますか。
- ・最近どのようなことでお子さんをほめましたか。
- ・お子さんが興味のあることを、どのように伸ばしていきたいですか。
- ・どういうときにお子さんの成長を感じましたか。
- ・子育てで苦労したことや大変だったことは何ですか。
- ・父親と母親の役割分担についてどのようにお考えですか。
- ・学生時代や仕事の経験で、お子さんに誇れることは何ですか。
- ・コロナ禍で工夫していたことは何ですか。

母　親

- ・学習院初等科に入学後、期待することはどのようなことですか。
- ・お子さんが幼稚園（保育園）で遊んでいる様子を教えてください。
- ・お子さんが好きな本についてお話しください。
- ・お子さんがよくしているお手伝いは何ですか。
- ・お子さんがお友達とよい関係を築くために、ご家庭ではどのように気をつけていますか。
- ・お友達と仲よくするために気をつけることを、お子さんにはどのように伝えていますか。
- ・お子さんの興味・関心を伸ばしていくために、どのようなことをしていますか。
- ・しつけでお子さんと約束していることはありますか。
- ・しつけで大切にしていることは何ですか。
- ・教育方針で大切にしていることは何ですか。
- ・子育てで自分自身が成長したことは、どのようなことですか。
- ・両親の役割分担はどうされていますか。
- ・子育てを通じて、物の見方や考え方が変わったことはありますか。
- ・子育てでうれしかったこと、難しいことは何ですか。

面接資料／アンケート　出願時に「入学願書2」を提出する（提出は任意）。以下のような記入項目がある。

- ・受験者氏名、性別、生年月日。
- ・志願の理由など。

1

1

2

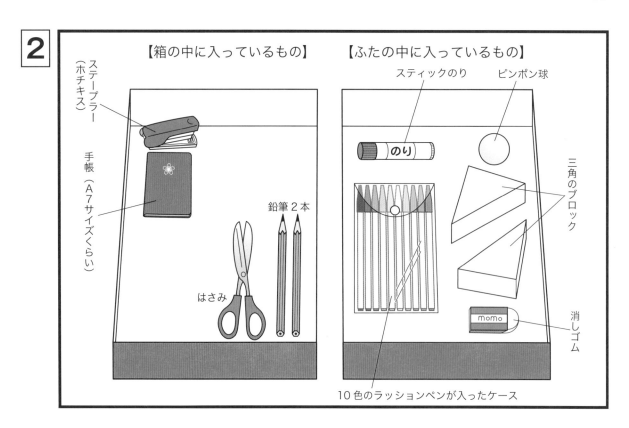

3

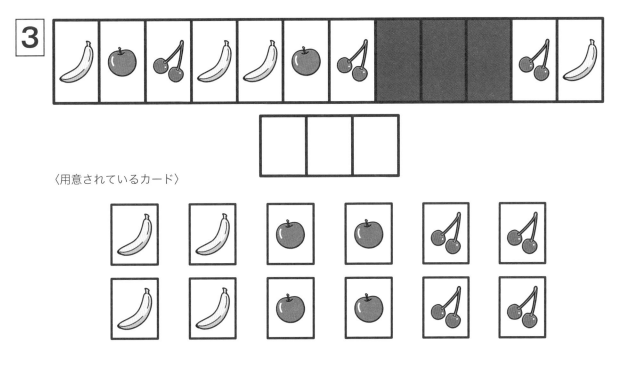

〈用意されているカード〉

4

5

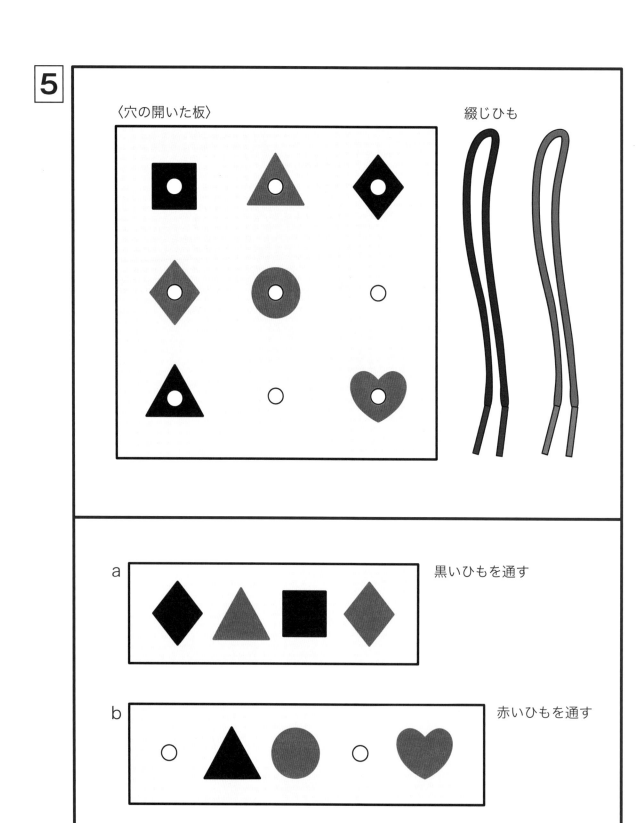

〈穴の開いた板〉

綴じひも

a 黒いひもを通す

b 赤いひもを通す

2022 学習院初等科入試問題

section

■ 選抜方法

男女別の生年月日順に年少者から出願番号が決まり、考査日時は5日間のうち1日が指定される。考査当日は約24人単位で集合し、子どもが机の上の番号札を引いて受験番号が決まる。その受験番号順に約12人ずつ約30分の時間差で誘導され、個別テスト、集団テスト、運動テストが行われる。所要時間は1時間〜1時間30分。子どもの考査中に保護者面接を行う。

■ 個別テスト ┃ 立ったまま行う。

1 話の記憶・常識

タブレットに映る動物の顔を見ながら音声でお話を聴く（お話に沿って登場する動物の顔が映る）。お話の内容はグループによって異なる。

A

「いろいろな動物さんたちがすんでいるお家があります。ある日、お家が汚れているので、みんなでお掃除をすることにしました。ウシ君が『今日も暑いね。僕は、この大きなテーブルの上をきれいにするね』と、水でぬらしてからよく絞った台ふきを持ってきました。ウサギさんは、『わたしは屋根のお掃除をするわね』と、はしごを持って外に出ていきました。ブタ君は『僕はお風呂のお掃除をするね』と、スポンジと洗剤を持ってお風呂場に行きました。ゾウさんは、『わたしはお庭のお掃除をするね』と、ほうきとちりとりを持って庭に出ていきました。お掃除が終わると、動物さんたちはとても気持ちがよくなりました。ブタ君が『おなかがすいたね。そろそろごはんの支度をしようか』と言ったときです。『あっ、大変。お台所のお掃除をするのを忘れちゃった』と、みんなが気づきました」

- テーブルのお掃除をしたのはどの動物ですか。絵から選んで、指でさして教えてください。
- ゾウさんが使ったものはどれですか。指でさして教えてください。
- 動物さんたちは、どうして気持ちがよくなったのでしょう。お話ししてください。
- みんなはお台所のお掃除をするのを忘れていましたね。もしあなたがそこにいたらどうしますか。お話ししてください。

B

「動物さんたちが広い原っぱでお話をしています。ウサギさんが『イチョウやカエデがき

れいな色になってすてきね』と言うと、ブタ君が『おいしいものがいっぱい実ってうれし
いな』と言いました。すると、ゾウ君が『そうだね。みんなで秋のおいしいものをたくさ
ん入れたスープを作ろうよ』と言いました。みんなが『賛成』と言って、お家に帰ってス
ープを作ることにしました。動物さんたちは、みんなで一緒に仲よく暮らしているのです。
ブタ君が『秋のおいしいものを持ってくるね。カボチャやサツマイモ、キノコもいいね』
と言うと、ウシさんは『わたしは包丁とまな板を使って、スープに入れるものを切るわね』
と、用意を始めました。ゾウ君は『僕は、スープをよそうね。お皿も用意するね』と、食
器棚に取りに行きました。ウサギさんは『わたしは、ウシさんが切ってくれた材料をゆで
るわね。味つけなら任せて』と、お鍋を出して張り切っています。みんなで協力してコト
コトと煮込み、おいしいスープができあがりました。席に着いて『いただきます』と、仲
よくスープをいただきました。あんまりおいしかったので、ウシさんとゾウ君、ブタ君が
おかわりをして、お鍋は空っぽになりました。そのときです。トントン、とドアをたたく
音がしました。おなかをすかせたワニさんが、おいしいそうなスープのにおいをかいでや
って来たのでした」

- 秋のおいしいものを持ってきたのはどの動物ですか。絵から選んで、指でさして教えて
  ください。
- ウシさんが使ったものはどれですか。絵から2つ選んで、指でさして教えてください。
- ゾウ君が使ったものと用意したものはどれですか。同じ絵から2つ選んで、指でさして
  教えてください。
- おなかをすかせたワニさんが来ましたね。もしあなたがそこにいたらどうしますか。お
  話ししてください。

2 推理・思考（四方図）

下部が裏側に折られて隠されたお手本の台紙を見せられ、テスターの質問に答える。
- 公園の様子が描いてありますね。この公園を上から見ると、どのように見えますか。折
  ってあるところを広げ、そこに描かれた3つの絵から選んで、指でさして教えてくださ
  い。
- 今度は、ひょうたん池がある公園の様子が描いてあります。この公園を上から見ると、
  どのように見えますか。先ほどと同じように折ってあるところを広げ、3つの絵から選
  んで、指でさして教えてください。

3 観察力・言語

机の上にお手本の制作物（グループにより異なる）、紙皿、紙コップ、折り紙、手芸用の
目玉シール、スティックのり、液体のり、はさみが入ったトレー（左側）と、ビーズ、ボ
タン、モール、綴じひもの入ったトレー（右側）が用意されている。

・（お手本を示し）これを作るのに使う材料や道具を、左側のトレーから選んで、指でさして教えてください。
・（お手本を示し）これをもっとおしゃれに（またはかわいく）するために、飾りをつけます。あなたなら、右側のトレーにあるもののうち、どれを使いたいですか。選んだものと、その理由をお話ししてください。

集団テスト	各自の机に複数個の積み木、リンゴの台紙（Ｂ５判）、はさみ、赤いクーピーペン、綴じひも、中央に解答用紙（Ａ４判）が裏返しで用意されている。

4 位置・記憶

スクリーンにお手本のお城の絵が映し出される。30秒ほどして映像が消えたら、机中央に置かれた解答用紙を表にする。グループにより解答用紙は異なる。

A 魔法使いがお姫様にリンゴを届けます。魔法使いがいたところにあるリンゴを、赤いクーピーペンでていねいに塗りましょう。

B 王子様がお姫様にリンゴを届けます。王子様がいたところに、赤いクーピーペンで○をかきましょう。

5 巧緻性

スクリーンに、台紙から切り取った状態のリンゴの映像が映し出される。
・お手本のように、赤いリンゴの周りをはさみで切りましょう。

6 巧緻性

スクリーンに、綴じひもで結ばれた積み木の映像が１つ映し出される。グループにより積み木の個数や組み合わせは異なる。
・王子様がお姫様にリンゴを渡すための箱です。お手本と同じように、積み木をひもで結びましょう。結べたら、積み木は机の右端に置きましょう。「やめ」と言ったら途中でもおしまいにしましょう。

お手玉運び競争

２～４人ずつの２、３チームに分かれて行う。スタートラインにはお手玉の入ったカゴが各チームに用意されている。１人１本のうちわを持ち、１人ずつスタートラインでカゴの中からお手玉を２つ取って、うちわに載せる。笛の合図でスタートし、４ヵ所の印をテスターの指示に従って進む（片足ずつ印を踏んで進む、印を踏まないようジグザグに進む、両足跳びで印の上を進むなど、グループによって指示は異なる）。赤いフープに入り、お

手玉を落とさないように1回転する。黄色いフープに進み、お手玉を落とさないように両足跳びでグーパーグーをする。最後に白いフープに入り、うちわの上のお手玉を、手でふれずにカゴに入れる。うちわを持ったまま戻り、列の後ろについたら前の人との間隔を空けてしゃがんで待つ。チームの全員が2回終えたら体操座りをする。

〈約束〉

・戻るときはフープの横を通る。

・途中で止まってしまった人には、何をするのか教えてあげてもよい。

・お手玉を落としたら、手で拾ってうちわに載せる。

・声を出して応援はしない。

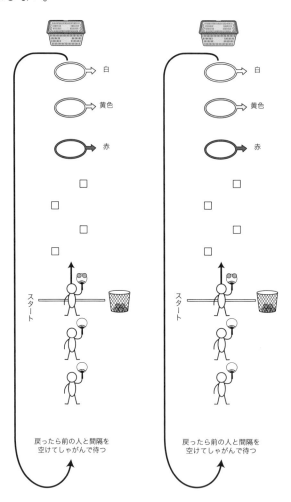

ジャンケンゲーム

矢印つきのフープが1人に1つ床に置かれている。自分のフープに入り、テスターとジャンケンをする。「ジャンケンポンポン」の最初の「ポン」でテスターがお約束にそったジャンケンのポーズをする。次の「ポン」でテスターに負けるようにジャンケンのポーズをする。

〈約束〉

- グーのときは両腕を胸の前で交差する。
- チョキのときは足を前後に開き、両手を上げて手のひらを合わせる。
- パーのときは両手足をその場で大きく横に広げる。
- ほかの人のポーズを見ない。

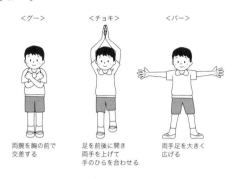

運動テスト

指示行動・スキップ

矢印つきのフープが1人に1つ床に置かれている。テスターがお手本を見せながら説明する。矢印の少し前に立ち、フープの周りをCDから流れる音楽に合わせてゆっくりスキップをする。テスターが手をたたいたら反対回りをする。スキップをしている途中で笛が鳴ったらフープの中に入って、矢印の方を向き、笛の回数で決められた約束通りに動く。

〈約束〉
- 笛が1回鳴ったら、右足で片足バランスをする。手は横に広げる。
- 笛が2回鳴ったら、しゃがんで両手を頭の上に上げてウサギになる。
- 笛が3回鳴ったら、左足で片足バランスをする。手は横に広げる。

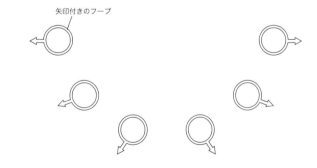

保護者面接

父　親

・志望された理由をお聞かせください。

・休日はお子さんとどのように過ごされていますか。

・お子さんが大切にしていることは何ですか。

・最近どのようなことでお子さんをほめましたか。

・どういうときにお子さんの成長を感じましたか。

・どのような小学校生活を送ってほしいですか。

・お子さんが興味のあることを、どのように伸ばしていきたいですか。

・ご自身がお子さんに誇れることをお話しください。

・学生時代や仕事の経験で、子育てに生かしていることはありますか。

・父親と母親の役割分担についてどのようにお考えですか。

・ご家庭で大切にされているしつけについてお聞かせください。

母 親

・学習院初等科に入学後、期待することはどのようなことですか。

・お子さんにどのような小学校生活を送ってほしいですか。

・幼稚園（保育園）での生活や出来事について、最近お子さんと話したことで、特に印象に残ったことは何ですか。

・お子さんが幼稚園（保育園）でどのように遊んでいるか教えてください。

・お子さんにどのようなお手伝いをさせていますか。

・ご家庭でお子さんとお約束していることはありますか。

・お子さんがお友達とよい関係を築くために、ご家庭ではどのように気をつけていますか。

・お友達と仲よくするために気をつけることを、お子さんにはどのように伝えていますか。

・お子さんをどのように伸ばしていきたいとお考えですか。それをしつけの中でどのように気をつけていますか。

・お子さんが好きな本についてお話しください。

・学生時代や社会人になってからの経験で、子育てに役立っていることは何ですか。

・子育てを通じて、ものの見方や考え方が変わったことはありますか。

面接資料／アンケート

出願時に面接資料を提出する（自由提出）。以下のような記入項目がある。

・受験者氏名、性別、生年月日。

・志願の理由など。

1 — A

B

2 【お手本】

3

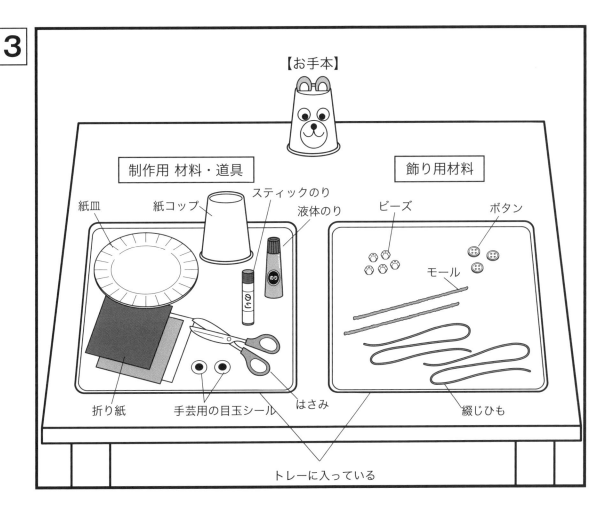

【お手本】

制作用 材料・道具　　　飾り用材料

紙皿　紙コップ　スティックのり　液体のり

ビーズ　ボタン　モール

折り紙　手芸用の目玉シール　はさみ　綴じひも

トレーに入っている

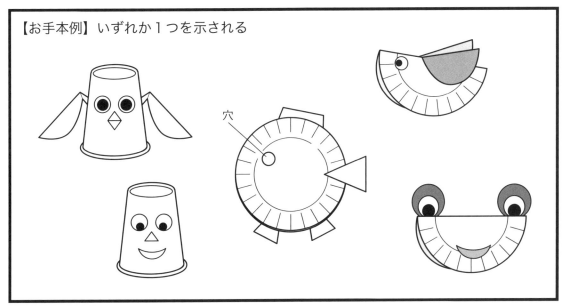

【お手本例】いずれか１つを示される

穴

4 【お手本】

A **B**

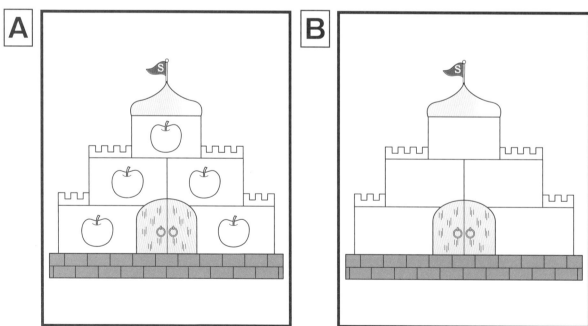

5 〈台紙〉

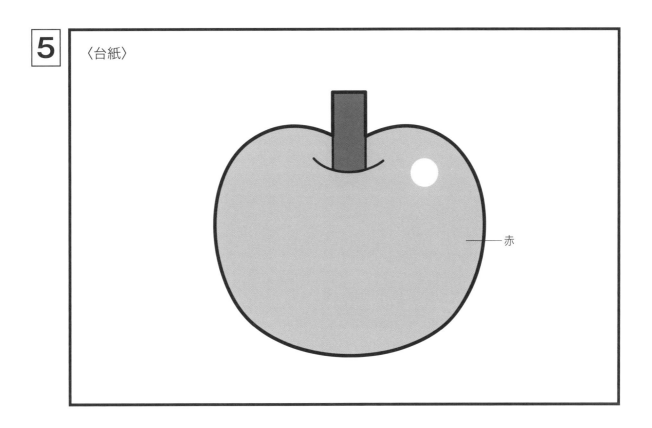

赤

6 【お手本例】いずれか1つを示される

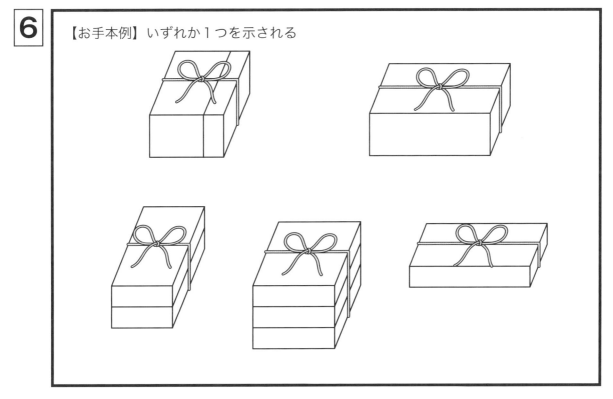

2021　学習院初等科入試問題

■ 選抜方法

男女別の生年月日順に年少者から出願番号が決まり、考査日時は5日間のうち1日が指定される。考査当日は約24人単位で集合し、子どもが机の上の番号札を引いて受験番号が決まる。その受験番号順に約12人ずつ約30分の時間差で誘導され、個別テスト、集団テスト、運動テストが行われる。所要時間は待ち時間を含め40分〜1時間30分。子どもの考査中に保護者面接を行う。

▌ 個別テスト ▌

1 話の記憶

（音声で出題）

「今日はリス君の誕生日です。リス君は近くにすむクマさんと一緒に、スーパーマーケットにお買い物に行きました。いつもみんなで遊んでいる公園の隣にあるスーパーマーケットです。初めに果物売り場に行くと、真っ赤なリンゴが5個と大きなパイナップルが2個置いてある棚の前で、ウサギさんとキツネ君に会いました。リス君は、『これから僕のお家でお誕生日のパーティーをするんだ。来てくれたらうれしいな』と言いました。ウサギさんとキツネ君は、『お招きありがとう。後でリス君のお家に行くね』と答えました。次に野菜売り場に行くと、タヌキ君とゾウさんがいました。リス君は、『これから僕のお家でお誕生日のパーティーをするんだ。来てくれたらうれしいな』と言いました。タヌキ君とゾウさんは、『お招きありがとう。後でリス君のお家に行くね』と答えました。クマさんが果物売り場に戻ってリンゴを2個買った後、クマさんとリス君は一緒にケーキ売り場に行きました。リス君はモンブランを買おうと思いましたが、売り切れていたので、チョコレートケーキとイチゴのショートケーキを3個ずつ買いました。それからリス君のお家に帰ってパーティーの準備をしていると、ウサギさんとキツネ君がスーパーマーケットで買ったお菓子を持ってやって来ました。次にゾウさんが、スーパーマーケットで買ったオレンジジュースを6本持ってやって来ました。少し遅れてタヌキ君がふうふう言いながら走ってやって来ました。さあ、お誕生日パーティーの始まりです。クマさんが『リンゴをどうぞ召し上がれ。蜜がいっぱい入っていて、とてもおいしいよ』と言うと、リス君も『チョコレートケーキとイチゴのショートケーキもあるから、好きなものを食べてね』とすすめます。『リス君、お誕生日おめでとう！』楽しいパーティーになりそうですね」

・6枚の絵のうち、今のお話に合うものはどれですか。指でさして教えてください。いくつかありますよ。

- オレンジジュースを買ったのはどの動物ですか。指でさして教えてください。
- クマさんは何を買ってきましたか。指でさして教えてください。

2 観察力・推理・思考

レストランの絵（Ａ）を見ましょう。

- 下のメニューの絵（Ｂ）の中で、まだテーブルに運ばれていない食べ物はどれですか。メニューの絵から選んで、指でさして教えてください。
- 入り口のところでかばんを持って立っている女の人から、トレーを運んでいる店員さんはどのように見えますか。下の絵（Ｃ）の中から合うものを選んで、指でさして教えてください。

3 言語・お話作り

6枚の絵カードが用意されている。子どもによってカードの絵は異なる。

- 6枚のカードがあります。お父さんのカードと本のカードは必ず使います。残りの4枚（鉛筆、かばん、腕時計、傘）の中から、好きなカードを1枚取りましょう。お父さんのカードと本のカードに今取ったカードを合わせて、3枚のカードの絵を使ってお話を作り、お話ししてください。

4 言語

いろいろな写真を見せられ、テスターの質問に口頭で答える（子どもによって写真や質問が異なる。回答した内容から質問が発展することもある）。

- （海にカモメが飛んでいる写真）どこからどのような音が聞こえますか。今までで一番うれしかった音は何の音ですか。それはどうしてですか。
- （いろいろな楽器の写真）一番好きな楽器はどれですか。どうしてそれが好きなのですか。その楽器の音を聞いたことがありますか。どんな音でしたか。
- （バーベキューの写真）どのような音が聞こえますか。どのようなにおいがしますか。
- （お花が風に揺れている写真）どこからどのような音がすると思いますか。あなたが聞いてうれしい音は何の音ですか。それはどうしてですか。どのような音ですか。
- （盆踊りの写真）どのような音がしますか。あなたがワクワクするのはどのような音ですか。
- （サンマを焼いている写真）どこからどのような音が聞こえますか。どのようなにおいがしますか。どのような味ですか。

5 推理・思考

羽根の先に動物の顔の絵がついている風車を見せられ、テスターの質問に答える。

- 風車が回ってパンダがクマのところに来たとき、ウサギはどの動物のところに来ますか。

お話ししてください。

・風車が回ってキリンがライオンのところに来たとき、今お花があるところにはどの動物が来ますか。その動物を指でさして教えてください。

集団テスト

6 巧緻性

上部に穴が開いている台紙、大小のシール（緑）、綴じひも（黒）、はさみが用意されている。お手本を作る様子がプロジェクターで映される。

・台紙の丸にピッタリ合うように、シールを貼りましょう。

・台紙の線に沿ってはさみで切りましょう。

・切り取った台紙の穴にひもを通して、チョウ結びにしましょう。

7 巧緻性

綴じひも（茶色）が貼られた台紙、ストロー3本、綴じひも（黒）、はさみが用意されている。お手本を作る様子がプロジェクターで映される。

・黒い綴じひもを、台紙の茶色い綴じひもと同じ長さに切りましょう。

・ストロー3本を束ねて、黒い綴じひもを1回巻いてチョウ結びにしましょう。

玉入れゲーム

3、4人ずつのグループに分かれて玉入れゲームを行う。いすの上に、動物の顔の絵がついたカゴが置かれている。いすに向かってフープ数本が縦に並べて置かれ、いすに一番近いフープの横には赤い布でできた玉が入った箱が置かれている。グループごとに1列に並んでそれぞれフープの中に立ち、先頭の人からカゴの中に玉を投げ入れる。投げたら列の後ろにつき、ほかの人は1つずつ前のフープに進む。

〈約束〉

・フープの中から出ないようにして玉を投げる。

・玉は1回につき1つ投げ、次に投げる番になったら玉を取る。

・カゴに入らなかった玉は拾わない。

・投げ終わったら、先頭のフープについた矢印の方向に出て歩き、列の後ろにつく。

・4回投げたら、フープの後ろにある待機用の線の上に立って目を閉じて待つ。

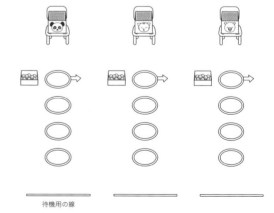

待機用の線

運動テスト

指示行動・スキップ

50cm程度の長さの4色（赤、青、黄色、緑）の棒をピラミッド形に立てたものをお山に見立て、各自その前に立つ。音楽に合わせてお山の周りをスキップする。太鼓が1回鳴ったら赤、2回鳴ったら青、3回鳴ったら黄色の棒の前に止まる。

指示行動・両足跳び

スキップ・指示行動の課題で使用したお山を上から押してつぶし、平らにする。初めに、テスターが言う色の棒をまたいでお山の中心を向いて立ち、次々と指示される色の棒をまたぐように両足跳びをくり返す。いつもお山の中心を向いて立つように体の向きを変えながら跳び、言われた色が向かい側か後ろ側にあるときのみ、そのままの向きで中心を跳び越す。

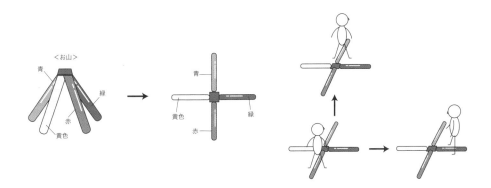

保護者面接

父 親

・志望理由をお聞かせください。
・学習院初等科に期待することは何ですか。
・社会人になってからの経験で、お子さんに伝えたいことは何ですか。

- 学生時代や仕事の経験の中で子育てに生かしていることはありますか。
- お子さんとはどのように接していますか。
- お子さんが大切にしていることは何ですか。
- 最近どのようなことでお子さんをほめましたか。
- 幼稚園（保育園）のことで、お子さんから聞いてうれしかったエピソードをお聞かせください。
- どういうときにお子さんの成長を感じましたか。
- 子育てをしていてうれしいのは、どのようなときですか。
- お子さんが興味を持つことをどのように伸ばしていきたいですか。
- どのようなお子さんに育ってほしいですか。
- 父親と母親の役割分担について、どのようにお考えですか。
- 父親として、しつけの役割はどのようなことだと思いますか。
- ご家庭で大切にされているしつけについてお聞かせください。

母 親

- 学習院初等科に期待することは何ですか。
- お子さんが話す幼稚園（保育園）での生活や出来事の中で、最近特に印象に残ったことは何ですか。
- お子さんが幼稚園（保育園）で遊んでいる様子を教えてください。
- お子さんに嫌いな食べ物はありますか。
- お子さんにどのようなお手伝いをさせていますか。
- ご家庭でお子さんとお約束していることはありますか。
- お子さんがお友達とよい関係を築くために、ご家庭ではどのようにされていますか。
- お子さんをどのように伸ばしていきたいとお考えですか。それをしつけの中でどのように気をつけていますか。
- お子さんが興味を持っていることややりたいことを、どのように伸ばしていきたいですか。
- 学生生活やお仕事の経験で、子育てに役立っていることは何ですか。
- ご自分がお子さんに誇れることは何ですか。
- 子育てにおいて、ものの見方や考え方が変わったことはありますか。

面接資料／アンケート

出願時に面接資料を提出する（自由提出）。以下のような記入項目がある。

- 受験者氏名、性別、生年月日。
- 志願の理由など。

1

4

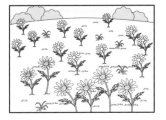  

5

6

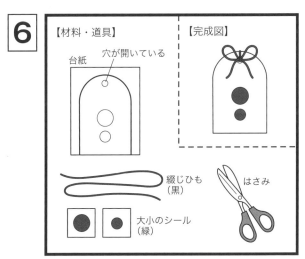

【材料・道具】　【完成図】

台紙　穴が開いている

綴じひも（黒）　はさみ

大小のシール（緑）

7

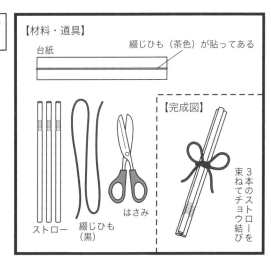

【材料・道具】

台紙　綴じひも（茶色）が貼ってある

【完成図】

ストロー　綴じひも（黒）　はさみ

３本のストローを束ねてチョウ結び

2020 学習院初等科入試問題

■ 選抜方法

男女別の生年月日順に受験番号が決まり、考査日時は5日間のうち1日が指定される。考査当日は約20人単位で集合し、子どもがつぼから番号札を引いてテスト番号が決まる。そのテスト番号順に約10人ずつ約15分の時間差で誘導され、個別テスト、集団テスト、運動テストが行われる。所要時間は1時間～1時間30分。子どもの考査中に保護者面接を行う。

個別テスト

1 言語・観察力

本物の緑の虫カゴが置いてある。模擬の携帯電話を渡され、テスターの質問に口頭で答える（考査日によって質問は異なる）。

・これはどのような虫カゴですか。携帯電話でお家の方に伝えるようにお話ししてください。

・この虫カゴの中はどのような様子ですか。自分で考えて、携帯電話でお家の方に伝えるようにお話ししてください。

虫カゴの絵を4枚見せられる。

・この絵の中で1枚だけ違う虫カゴを見つけて、指でさして教えてください。

2 構 成

・虫カゴの絵を作るのに1枚だけ使わないパズルを見つけて、指でさして教えてください。

3 常 識

・虫カゴの中に入れると思うものを2つ選んで、指でさして教えてください。

4 話の記憶

（音声で出題）

「今日は動物幼稚園の遠足です。ライオン君は水族館に行くことをとても楽しみにしていました。準備をしていると、お母さんが『お弁当と水筒を忘れずにリュックサックの中に入れてね』と言ってお弁当を渡してくれました。お弁当には、ライオン君が大好きなエビフライとサンドイッチとブロッコリーが入っています。『さあ、これで準備はだいじょうぶ』というと、ライオン君は張り切って家を出ました。水族館までは電車に乗っていきま

す。電車の中でライオン君が水族館にはどんな魚がいるかなと楽しみに考えていると、最初の駅、ニコニコ駅に着きました。その駅からは、ウサギさんが乗ってきました。『ウサギさん、おはよう。今日は晴れてよかったね』と2匹で楽しく話していると、次のプカプカ駅に着きました。プカプカ駅からはリスさんが乗ってきました。3匹は座席に座って、『次の駅から乗ってくるお友達はいるのかな』とお話をしていました。すると、次の虹駅に着きました。『乗ってくるのは誰かな』とみんなで考えていると、体の大きなクマ君が乗ってきました。『ほかにもまだお友達が乗ってくるかな』とお話をしているうちに、水族館のある駅に着きました。電車を降りて水族館の入り口に着くと、手を振っているお友達がいます。よく見てみると、サル君とタヌキさんでした。みんながそろったので、水族館の中に入ります。楽しい遠足になりそうですね」

A
・ライオン君のお弁当はどれですか。上の4つの四角から選んで指でさして教えてください。

B 下の3枚の絵カードが渡される。
・ライオン君が水族館へ行くまでに電車で通った駅の順番になるように、四角の中にカードを置きましょう。

C
・電車の中の様子が描いてあります。ほかにはどんな動物が電車に乗っていましたか。お話ししてください。

5 生活習慣

ハンカチの上にフォークやスプーンが無造作に数本置いてある。
・フォークとスプーンをトレーの中にきれいに片づけましょう。

ハンカチが広げた状態で置いてある。
・ここにあるハンカチを、お花の模様が見えるようにきれいにたたんで先生に渡してください。

集団テスト

6 巧緻性

ウッドビーズ（黒3個、水色4個、赤3個）と太い組みひもが1本、トレーに入っている。プロジェクターで作り方のお手本を見てから行う。
・ビーズをひもに通しましょう。最初の色は水色です。その次からは、隣り合うビーズが

同じ色にならないように自分で考えて通していきましょう。

・最後はひもをチョウ結びにしましょう。「結びましょう」と言われたら、ビーズを全部通していなくても結んでください。

7 ブロック運び競争

3、4人ずつのチームに分かれて行う。ジョイントマット（50cm×50cm）の上にソフトブロック3個を積み上げて運ぶ。チームの人数により決められた持ち方でジョイントマットを持ち、笛の合図で赤い線からスタートする。先にあるコーンを左回りで回って戻り、ゴールしたら青い線のところで体操座りをして待つ。先にゴールしたチームの勝ち。1回戦終了後、チームごとにどうしたら早く運べるかを相談し、2回戦を行う。

〈約束〉

・運んでいる間はブロックに触ってはいけない。

・運んでいる途中でブロックを落としたら、落とした場所でマットを床に置き、チームで協力してジョイントマットにブロックを積み上げ、そこからまた運ぶ。

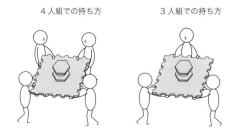

4人組での持ち方　　3人組での持ち方

運動テスト

模倣体操

その場でひざの屈伸をゆっくり行う。

ケンケン

床にある緑の線を踏まないように、テスターがやめというまでその場でケンケンをする。2回目は足を替えて同じように行う。

指示行動・行進

全員（約20人）で行う。流れてくる音楽に合わせて、コーンの周りを行進する。笛の合図によって途中で動きを変え、1回鳴ったときは普通に歩き、2回鳴ったときは同じ側の手と足を一緒に出して歩き、ピーッと長く鳴ったときは止まる。

〈約束〉

・コーンの内側には入らない。

・前の人を抜かしたり、押したりしない。

保護者面接

父　親

・学習院初等科に期待することは何ですか。

・最近どのようなことでお子さんをほめましたか。

・どのようなときにお子さんの成長を感じましたか。

・お子さんが興味を持っていることについて、どのように伸ばしていきたいですか。

・お子さんに、どのような小学校生活を送ってほしいですか。

・子どものしつけについての考えをお聞かせください。

・父親としてしつけの役割はどのようなことだと思いますか。

・父親と母親の役割分担についてどのようにお考えですか。

母　親

・お子さんが好きな絵本についてお話しください。

・お子さんはお友達とどのように遊んでいますか。

・お子さんがお友達と一緒に過ごすときに、気をつけるようにしていることは何ですか。

・お子さんがお友達とよい関係を築くために、ご家庭ではどのようにされていますか。

・学生生活や仕事を通して子育てに役立っていることは何ですか。

・子育てをしていてよかったこと、楽しいことはどのようなことですか。

・日本の伝統やマナーについてどう思いますか。

・小学校に入ってやらせてみたいことはどのようなことですか。

面接資料／アンケート　出願時に面接資料を提出する（自由提出）。以下のような記入項目がある。

・受験者氏名、性別、生年月日。

・志願の理由など。

1

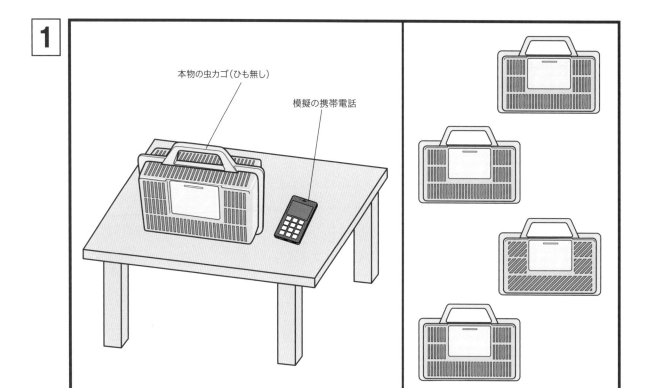

本物の虫カゴ（ひも無し）

模擬の携帯電話

2

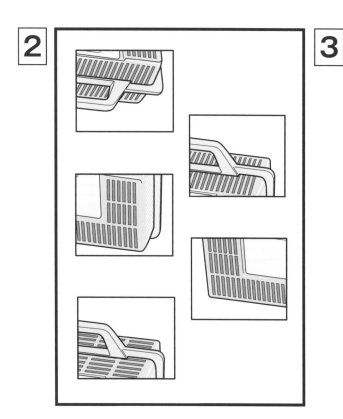

3

4－A

B

〈絵カード〉

C

5

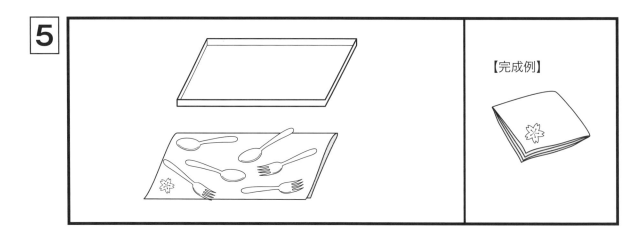

【完成例】

6

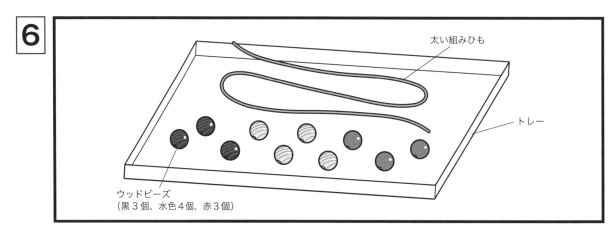

太い組みひも

トレー

ウッドビーズ
（黒3個、水色4個、赤3個）

7

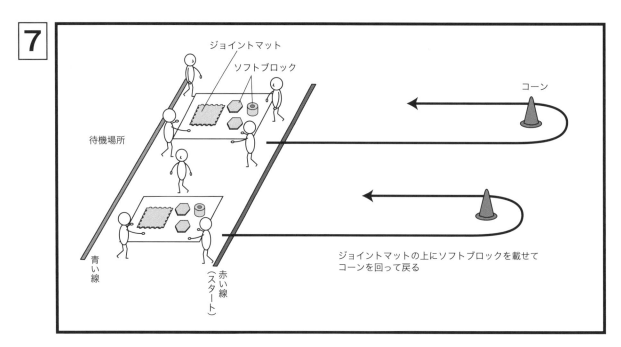

ジョイントマット

ソフトブロック

コーン

待機場所

青い線

赤い線
（スタート）

ジョイントマットの上にソフトブロックを載せて
コーンを回って戻る

2019 学習院初等科入試問題

選抜方法

男女別の生年月日順に受験番号が決まり、考査日時は5日間のうち1日が指定される。考査当日は約20人単位で集合し、子どもがつぼから番号札を引いてテスト番号が決まる。そのテスト番号順に約10人ずつ約15分の時間差で誘導され、個別テスト、集団テスト、運動テストが行われる。所要時間は1時間〜1時間30分。子どもの考査中に保護者面接を行う。

個別テスト

1 模写・巧緻性

- 上の絵（Ａ、Ｂ、Ｃのうちどれか1つ。考査日によって異なる）と同じように、点線の下の空いているところに青のクーピーペンで描きましょう。
- 描いたら、絵が見えるようにしたまま点線のところで折りましょう。
- （水色の紙で折ったお手本を示して）今折った紙を、お手本と同じになるように折りましょう。

【お手本】

2 常識・言語

透明な箱の中に、ニンジン（カボチャ、サツマイモ、クリなど考査日によって異なる）が入っている。

- これは何ですか。
- 触るとどんな感じがすると思いますか。
- これをどのようにして食べたことがありますか。

話の記憶・常識（想像力）

（音声で出題）

「今日は森の幼稚園の運動会です。最後のかけっこが始まりました。ヨーイ、ドンの合図でウサギ君、キツネさん、リスさんが走り始めました。足の速いウサギ君が一番に飛び出し、キツネさん、リスさんと続いています。ウサギ君が先頭を走っていると、道の真ん中に落ちているものを見つけました。近づいて見てみると、鳥の巣です。中では小鳥たちが気持ちよさそうに寝ています。ウサギ君は小鳥たちを起こさないようにそっと巣を持ち上げて、危なくないように道の端に移してあげました。『もうこれでだいじょうぶ』と言ってウサギ君はまた走り始めました。かけっこの順位は1位がキツネさん、ウサギ君が3位

になりました」

・2位になったのは誰ですか。
・ウサギ君はなぜ3位になったのでしょうか。
・あなただったらどの動物になりたいですか。それはどうしてですか。

集団テスト

③ 玉入れゲーム

赤、青、緑の3チームに分かれて行う。お化けが描かれた箱が3つ置いてあり、お化けは
それぞれ赤、青、緑の帽子をかぶっている。チームごとに後ろに置かれた箱の玉を取って
1人が床の線に立ち、チームと同じ色の帽子をかぶったお化けの口に2個ずつ玉を投げ入
れて、次の人と交代していく。笛が鳴ったら投げるのをやめて、その場でしゃがむ。玉入
れが終わった後、全員で片づけを行う。
〈約束〉
・一度に持てる玉は1人2個までとする。
・お化けの口に入らなかった玉は拾わない。
・投げるとき、線から出てはいけない。
・玉を投げるときは下手投げで投げる。

④ 巧緻性・指示の理解

机の上に置いてあるポンキーペンシル（12色）を使用する。考査日によって塗るものや
色などの指示が異なる。
・木を紫で塗りましょう。
・四角から星まで、点線を茶色でなぞってください。
・（プロジェクターでお手本が映る）お手本と同じように、赤のバツ印から青のバツ印ま
　で隣の線と同じになるようにちぎってください。

運動テスト

📱 指示行動・スキップ

音声で流れてくる太鼓の音に合わせて、全員（20人程度）でコーンの周りをスキップする。
このとき、笛が1回鳴ったら手を胸の前でたたきながら、2回鳴ったら手を頭の上でたた
きながら、3回鳴ったら手を交差させて肩をたたきながらスキップをする。

〈約束〉

・コーンの内側に入らない。

・前の人を抜かさない。

・前の人を押さない。

保護者面接

父　親

・志望理由をお聞かせください。

・学習院初等科に期待することは何ですか。

・本校でお子さんにどのように過ごしてほしいですか。

・お子さんとどのようにかかわっていますか。

・子育てで楽しいと思われることは何ですか。

・子育てで難しいと感じることは何ですか。

・父親と母親の役割分担についてどのようにお考えですか。

・子育てにおいてご夫婦で協力されていることは何ですか。

・子育てをしていくうえで考え方が変わったことは何ですか。

・どういうときにお子さんの成長を感じましたか。

・お子さんが興味のあることを、どのように伸ばしていきたいですか。

・小学生になったお子さんには何を求めますか。

・お子さんはどのような遊びが好きですか。

・お子さんが大切にしているものは何ですか。

母　親

・お子さんはどのような遊びが好きですか。

・お子さんはどのようなお手伝いをしていますか。

・お子さんが好きな絵本についてお話しください。

・お子さんが大切にしているものは何ですか。

・お子さんとご家庭で約束していることは何ですか。

・ご夫婦でどのように役割分担または協力をしていますか。

・しつけで気をつけていることは何ですか。

・上下関係や人とのつながりについて、お子さんにどのように伝えていますか。

・お子さんはほかのお子さんとどのように遊んでいますか。

・お子さんがお友達とよい関係を築くために、ご家庭ではどのようにされていますか。

・お子さんがほかのお子さんと一緒に過ごすときに、気をつけていることは何ですか。

・お子さんが成長したと思うところについてお話しください。

・お子さんが興味のあるものを、どのように伸ばしていますか。

・子育てで楽しいと感じることは何ですか。

・今までの経験で、子育てに役立っていることは何ですか。

面接資料／アンケート 出願時に面接資料を提出する（自由提出）。以下のような記入項目がある。

・受験者氏名、性別、生年月日。

・志願の理由など。

1

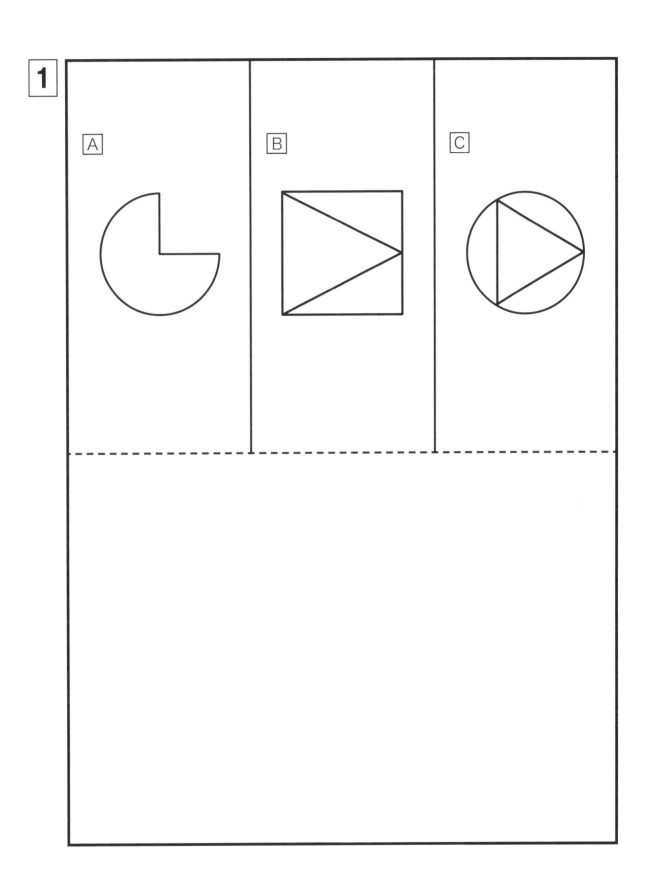

2

3

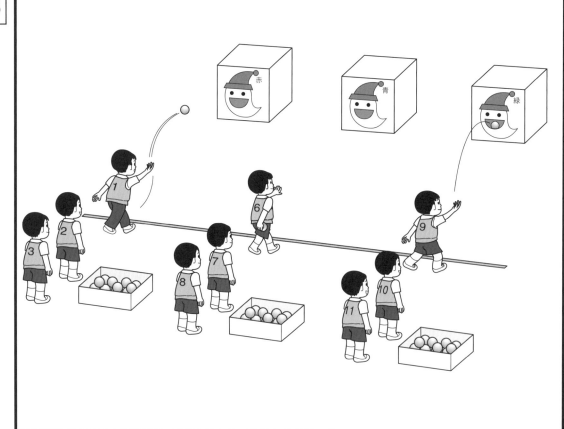

4

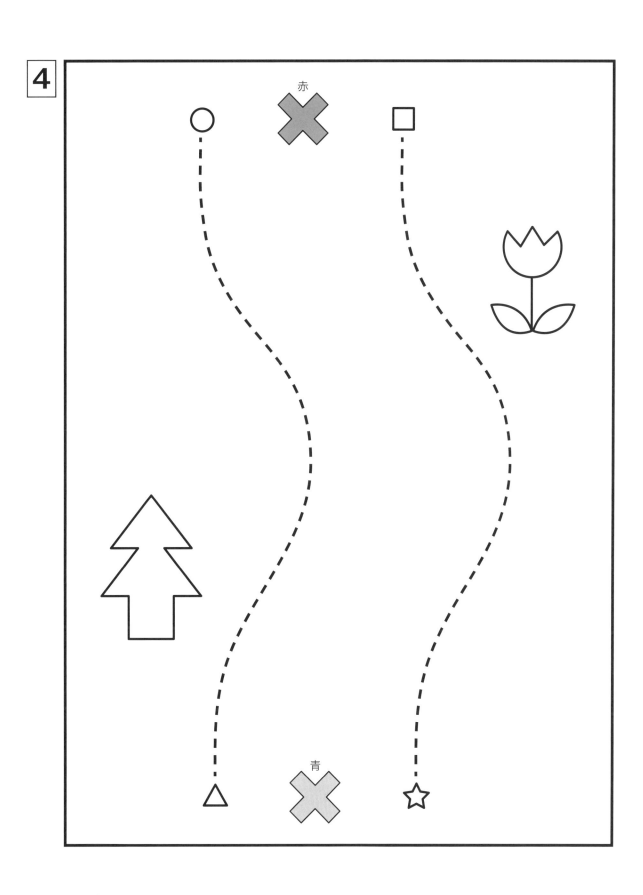

2018 学習院初等科入試問題

■ 選抜方法

男女別の生年月日順に受験番号が決まり、考査日時は5日間のうち1日が指定される。考査当日は約20人単位で集合し、子どもがつぼから番号札を引いてテスト番号が決まる。そのテスト番号順に約10人ずつ約15分の時間差で誘導され、個別テスト、集団テスト、運動テストが行われる。所要時間は1時間〜1時間45分。子どもの考査中に保護者面接を行う。

┃ 個別テスト ┃

1 絵の記憶

・この絵をよく見てください（少し見た後に隠される）。今見た絵と同じになるように、四角の中にカードを並べましょう。

2 常識（想像力）・お話作り

・（3枚の絵を見せられて、1枚を選ぶ。グループによって見せられる絵は異なり、示したようなものがある）あなたならクマさんにどのように声をかけますか。
・（表にクマのお母さんの困った顔、裏に笑顔が描かれている絵カードを見せられる）クマさんのお母さんは最初困った顔をしていましたが、その後ニッコリ笑顔になりました。どうしてだと思いますか。お話ししてください。

3 推理・思考・話の理解

・今からお話をしますので、よく聞いてください。「動物たちがジャンケン遊びをしています。横に並んでいる動物同士がジャンケンをしたら、ライオンとタヌキが勝ち、ウサギは負けてしまいました。サルとクマはあいこでした」。今のお話に合うように、四角の中にそれぞれジャンケンのカードを置きましょう。

4 話の記憶

（音声で出題）

「たける君はお母さんに『トマトとタマネギとニンジンを買ってきてね』と頼まれました。初めに、お母さんといつも行くスーパーマーケットに行きました。すると今日はお休みでお店が閉まっていました。どうしようとたける君は考えて、『そうだ、八百屋さんに行こう』と思いつきました。そこで、ポストとパン屋さんの間の道を真っすぐ進んで、最初の角を左に曲がり、お肉屋さんの隣にある八百屋さんに向かいました。お家にいたお母さんは机

の上を見ると、たける君が財布を忘れていることに気がつきました。そこで、慌ててお家を出て、たける君を追いかけました」

・スーパーマーケットの前にいるのがたける君です。たける君が行った八百屋さんはどこにありますか。八百屋さんの場所にある赤い丸を指でさしましょう。
・たける君が買うのを頼まれたものは、タマネギのほかに何ですか。お話ししてください。
・お母さんは、初めにどのお店に向かったと思いますか。お話ししてください。

▌ 集団テスト ▌

5 仲間集めゲーム

電車、セミ、鉛筆、ニンジンなどの絵カードのうち1枚が、各自の机の上に置いてある。
・机の上にカードがあります。では、そのカードと仲よしのものが描いてあるカードを、後ろの机から3枚取ってきましょう。右端の2列の人は右の机から、真ん中の2列の人は真ん中の机から、左端の2列の人は左の机から取ってきてください。取ってきたら、カードを机の上に並べましょう。

🛏 制作（紙飛行機作り）

机の上に折り紙、トレーの中に輪ゴムで束ねた赤、緑、青、黄色の4本のクーピーペンが用意されている。
・クーピーペンの中から好きな色を1本選んで、「やめましょう」と言われるまで、折り紙の裏に△（考査日によって○や□など指示が異なる）をかきましょう。
・クーピーペンを片づけてください。
・前のスクリーンを見ましょう。今から紙飛行機の作り方を見せるので、同じように作ってください（1工程ずつ見せられ、同じように折る）。

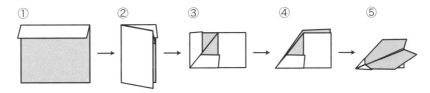

🛏 紙飛行機飛ばしゲーム

・先ほど作った紙飛行機を持って立ちましょう。音楽に合わせて、緑の線でかかれた円の外側を行進します。音楽が止まったら行進をやめて、笛の合図で円の中にあるフープに向かって紙飛行機を飛ばしましょう。「取りに行きましょう」と言われたら紙飛行機を取りに行き、元の場所に戻ってください。これを2回行います。終わったら紙飛行機を

カゴに入れてください。

〈約束〉緑の線を踏まないように紙飛行機を飛ばす。

運動テスト

片足バランス

・右足を後ろに曲げて左手で持ち、片足で立つ。

・左足を後ろに曲げて右手で持ち、片足で立つ。

指示行動・スキップ

床の上に緑の線で円がかいてある。音楽に合わせて両手を上げたり、胸の前でクロスさせたり、後ろでたたいたりしながら約20人で円の周りをスキップし、音楽が止まったらやめる。線の中に入らない、前の人を抜かさないというお約束がある。

保護者面接

父　親

・学習院初等科にどのようなことを期待しますか。

・お仕事がお忙しいと思いますが、お子さんとどのようにかかわっていますか。

・休日はお子さんとどのように過ごしていますか。

・ご家庭での役割分担はどのようにしていますか。

・学生時代や仕事の経験で子育てに役立っていることは何ですか。

・お子さんの名前の由来についてお話しください。

・お子さんの伸ばしたいと思う点はどこですか。

・父親の役割はどのようなものだとお考えですか。

・ご自身のことで、お子さんに誇れることは何ですか。

・子育てで難しいと感じることは何ですか。

母　親

・教育方針をお話しください。

・しつけで気をつけていることは何ですか。

・子育てで楽しいと思うことは何ですか。

・子育てでうれしかったことはどのようなことですか。

・子育てで難しいと感じることは何ですか。

・子育てをする中で考え方が変わったことはありますか。

・お子さんが好きな絵本についてお話しください。

・お子さんが大切にしているものは何ですか。

・お子さんがお友達と遊んでいる様子についてお話しください。

・お子さんとご家庭でお約束していることは何ですか。

・お子さんはどのようなお手伝いをしていますか。

面接資料／アンケート

出願時に面接資料を提出する（自由提出）。以下のような記入項目がある。

・受験者氏名、性別、生年月日。

・志願の理由など。

1

【お手本】

〈カード〉

【解答欄】

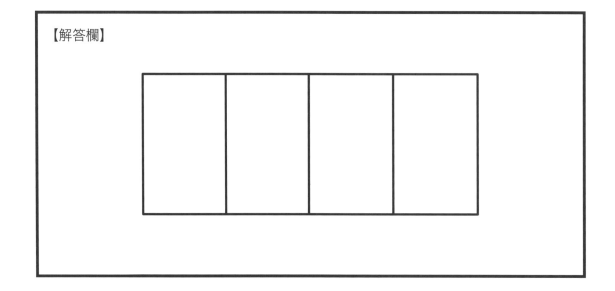

表

裏

3

〈カード〉

4

5

〈各自の机の上にあったカードの例〉1枚だけ置いてある

〈後ろの机の上にあったカードの例〉

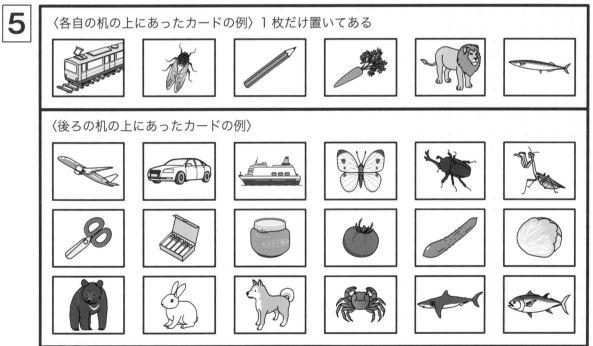

2017 学習院初等科入試問題

■ 選抜方法

男女別の生年月日順に受験番号が決まり、考査日時は5日間のうち1日が指定される。考査当日は約20人単位で集合し、子どもがつぼから番号札を引いてテスト番号が決まる。そのテスト番号順に約10人ずつ約15分の時間差で誘導され、個別テスト、集団テスト、運動テストが行われる。所要時間は1時間～1時間45分。子どもの考査中に保護者面接を行う。

▌ 個別テスト ▌

1 常識（道徳）

※グループによって絵は異なる。

・絵を見て、いけないことをしている子どもを指でさしましょう。

・どうしていけないのですか。理由をお話ししてください。

・（いけないことをしている子どもだと指さしたうちの1人の絵を示して）あなたがこの子どもの近くにいたら、どのように声をかけてあげますか。

2 推理・思考（四方図）

ペットボトルの上に紙粘土で作ったネコ、クマ、ウサギの頭を載せて作った人形が3体並んでいる。

・（3体の人形を見せながら）動物たちが立っていますね。反対側にいる先生から見ると、このように見えます（人形を後ろ向きにして左右を入れ替える）。では、この絵を見てください（積み木が並んでいる絵を見せる）。この積み木を反対側から見ると、どのように見えますか。下の4つの絵の中から、合う絵を選んで指でさしましょう。

・（選んだ絵とは違う絵を示して）この絵だと何が違っているのかお話ししてください。

3 話の記憶

（CDで出題）

「動物たちが積み木でお家を作ることにしました。机の上に作ろうとしましたが、本がたくさん置いてあって積み木を置けるところがありません。そこでコアラ君が『僕が机の上の本を片づけるね』と言って、本を本棚に片づけてくれました。これできれいになったと思ったら、よく見ると机の上が汚れています。それを見たクマさんが『わたしが机の上をきれいにふくわ』と言って、バケツとぞうきんを持ってきてきれいにふいてくれました。ちょうどそのときネコ君が『僕、積み木を持ってきたよ』と言って、積み木をたくさん運

んできてくれました。準備が整ったので、さっそく『大きなお家を作ろう！』とみんなで
作り始めました。まずはお家とその窓を作り、次に屋根をつけ、最後に煙突もつけました。
『やった！　できた！』すてきな大きなお家ができました。そこを通りかかったリスさん
とサル君が『すごい！　上手だね』とほめてくれました」

・（3つの絵の下に空欄のある台紙と6枚の動物の絵カードを示される）ここに描いてあ
る絵のものは、どの動物が片づけたり、使ったり、持ってきたりしましたか。絵の下の
四角に、それぞれ合う動物の絵カードを置いてください。

4 絵の記憶・構成

・先ほどの動物たちが作ったお家の絵があります。よく見てください。（20秒ほど見た後
に絵が隠され、三角や四角などの形のカードが示される）このカードを使って、今見た
ものと同じお家を作りましょう。

生活習慣

机の上に無造作（中央がつままれて山の形になっている）に置いてある白いポロシャツを
たたみ、ジッパーつきの袋の中に入れる。その後、ポロシャツを入れた袋を机の中にしま
う。テスターからたたみ方についての説明はない。

集団テスト

制　作

各自、後ろに置いてある赤、青、黄色、緑のストローを1本ずつ取ってくる。テスターが
ストローを使って作ったお手本を見せ、お手本を拡大したものが前の黒板にも貼ってある。
それを見ながら、机の横にかかっているセロハンテープを使って、お手本と同じものを自
分で考えて作る。テスターに「そこまで」と言われたら、作ったものは机の端に置き、セ
ロハンテープは元の場所に戻す。

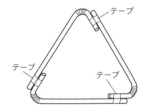

行動観察

5人くらいのグループで行う。1グループずつにホワイトボード、裏に磁石のついたスポ

ンジ製のパズル（三角、四角、丸など）が床の上に用意されている。グループごとに指示されたもの（飛行機、電車、ネコ、お城など）を、ホワイトボードの上にパズルを組み合わせて協力して作る。完成したら、周りを飾りつけてもよい。作業するのは音楽が鳴っている間とし、鳴りやんだらすぐに終えるというお約束がある。

言　語

行動観察での作業中に、どこを作ったか質問される。

運動テスト

指示行動・スキップ

床の上に円が点線でかいてある。5人くらいのグループで、音楽に合わせて円の周りをスキップしながら指示された動き（頭上で拍手→左手を前に伸ばし左ひじの裏に右手を添える→右手を前に伸ばし右ひじの裏に左手を添える）をくり返し行う。笛の合図で始めて、音楽が終わったら終了。円を踏まない、前の人を抜かさないというお約束がある。

指示行動・ケンケン

5人くらいのグループで一斉にスタートする。スタートの赤い線からボールが入ったカゴのところまで、好きな方の足でケンケンする（反対の足は後ろに曲げて手でつかむ）。カゴのところまで行ったらボールを取り、その場でボールを6回つく。ボールをカゴの中に戻し、最初にケンケンした足とは違う方の足でケンケンしながらゴールの赤い線まで行く（反対の足は後ろに曲げて手でつかむ）。赤い線を踏まない、笛の合図でスタートするまでは線を越えないというお約束がある。

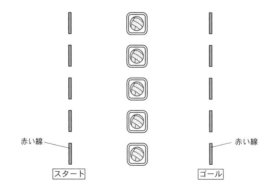

保護者面接

父親

- 学習院初等科にどのようなことを期待しますか。
- お忙しいとは思いますが、お子さんとどのようにかかわっていますか。
- お子さんとはどのような遊びをしますか。
- お子さんが生まれて変わったことは何ですか。
- 子育ての役割分担はご夫婦でどのようにされていますか。
- 子育てをする中で、考え方が変わったことはありますか。
- これまでどのようなときにお子さんの成長を感じましたか。
- 将来お子さんにどのような道に進んでもらいたいと思いますか。
- ご自身のことでお子さんに誇れることは何ですか。
- 父親の役割はどのようなものだとお考えですか。
- 子育てをしていてうれしいと感じたことは何ですか。
- 最近のニュースで気になることは何ですか。
- 読んだ本の中で心に残ったことは何ですか。

母親

- 学習院初等科に何を望まれますか。
- お子さんは幼稚園（保育園）でどのような遊びをしていますか。
- お子さんが大切にしているものは何ですか。
- お子さんが好きな絵本についてお話しください。
- 食事はどのようなことに気をつけていますか。
- 子育てをしていて楽しかったこと、うれしかったことは何ですか。
- 子育てにおいて大切にしていることは何ですか。
- 学生生活やお仕事の経験で子育てに役立っていることは何ですか。
- 最近読んだ本は何ですか。

面接資料／アンケート

出願時に面接資料を提出する（自由提出）。以下のような記入項目がある。

- 受験者氏名、性別、生年月日。
- 志願の理由など。

2

紙粘土

ペットボトル

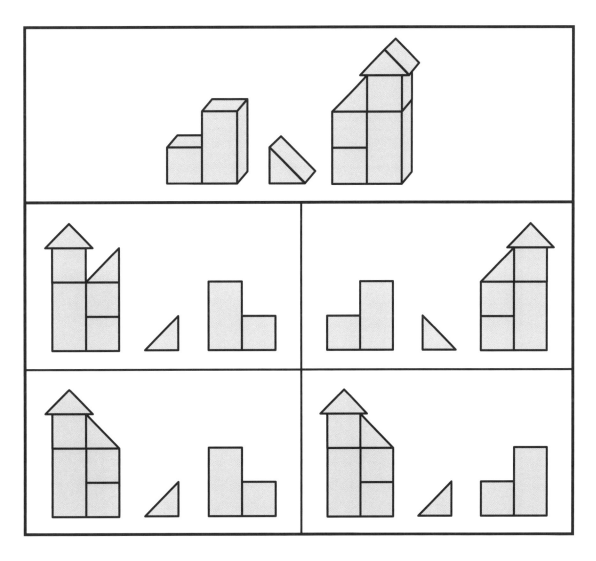

3

〈カード〉

4

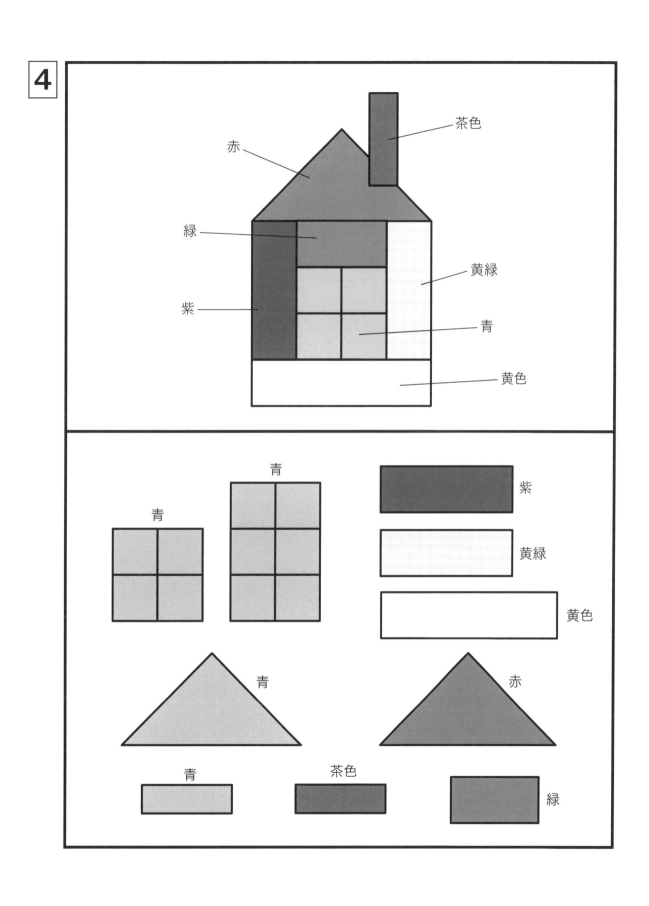

2016 学習院初等科入試問題

■ 選抜方法

男女別の生年月日順に受験番号が決まり、考査日時は5日間のうち1日が指定される。考査当日は約20人単位で集合し、子どもがつぼから番号札を引いてテスト番号が決まる。そのテスト番号順に約10人ずつ約15分の時間差で誘導され、個別テスト、集団テスト、運動テストが行われる。所要時間は1時間〜1時間45分。子どもの考査中に保護者面接を行う。

▌ 個別テスト

◻ 生活習慣

いすの背にかかっているスモック（前ボタン3個・襟つき）を着る。「そこまで」と言われたら脱いで、元あったようにいすの背にかける。

1 巧緻性

（各印のお約束について、前に貼られているお手本を見ながら指示を聞く）

・黒丸は印の上を通り、白丸は1周囲み、三角は2周囲み、四角はぶつからないようにコの字のように囲むお約束です。紙を太陽の印が見えるように点線で折り、赤いクーピーペンで左側の星から右側の星まで、印のところはお約束通りに線を引いてつなぎましょう。表は先生と一緒に練習し、裏は自分だけでやりましょう。

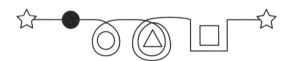

2 お話作り・常識（道徳）

※グループによって絵は異なる。

Ａ

・（砂場の子どもたちをさして）この子どもたちはどんなお話をしていますか。

・あなたがこの公園で遊ぶとしたら、何をしたいですか。

・公園で守らなければいけないことは何ですか。

Ｂ

・絵の中の子どもたちは何をしていますか。

・子どもたちはこれからどこに行くと思いますか。

・道を歩くとき、気をつけなければいけないことは何ですか。

C

・（親子をさして）この人たちは何をしていますか。

・あなただったら家族でどこに行きたいですか。

・電車に乗るとき、気をつけなければいけないことは何ですか。

3 観察力

・お手本と同じ形が絵の中のどこにあるか探して指でさしましょう。

4 観察力

・左のお手本のカードを見てください。右の４つの絵の中でお手本と同じ絵はどれですか。指でさしましょう。

・（お手本と異なる絵のうち１つだけを見せ、ほかの３つは隠して）お手本の絵とこの絵はどこが違うかお話ししてください。

話の記憶

※考査日によって話や質問が異なる。

「たろう君は森に出かけます。黄色い帽子をかぶり、青いリュックサックを背負って準備が整いました。さあ、出発です。どんな動物に出会えるのかワクワクしています。森の中に入って少し歩くと、きれいな羽のクジャクさんに会いました。『クジャクさん、こんにちは。クジャクさんの羽はとてもすてきですね』とたろう君が声をかけると『ありがとう。私の自慢なの。いつもきれいに見えるように気をつけているのよ。あなたは私の羽をほめてくれたから、羽根を３枚差し上げるわ』と言って羽根を３枚渡してくれました。たろう君は『ありがとう。大事にするね』と言ってリュックサックに入れ、森の奥へどんどん進みました。次にリスさんに会いました。『リスさん、こんにちは。なんだか忙しそうですね』と言うと『そうなの。赤い木の実でバッジを作っているの。どうかしら？』と聞かれたので、たろう君は『とてもかっこいいですね。僕もつけてみたいな』と答えました。するとリスさんが『では、１つ差し上げましょう』と渡してくれたので、『ありがとうございます。大切にします』と言って胸につけました。たろう君はとてもうれしくなって、どんどん森の奥へと進んでいきました。すると、大きなクマさんがいるではありませんか。よく見るとクマさんはつぼに手を入れて、はちみつをペロペロなめています。その姿を見ると、なんだかかわいく思えてきました。『クマさん、こんにちは。はちみつはおいしいですか？』と聞くと、『甘くて、おいしいよ。本当においしすぎて、止まらなくなってしまったよ』と笑いながら答えました。そして、たろう君に『君にも少し分けてあげるよ。甘くておいしいよ』と言って、小さなつぼにはちみつをとろりと入れてくれました。『ありがとう。お家に帰ってお父さん、お母さんと一緒に食べるね』と言って、リュックサックの中にそっとしまいました。森の中には優しい動物がたくさんすんでいることがわかり、たろう君

はまた森に行きたいなと思いながら帰りました」

・たろう君が森で一番初めに出会った動物は何ですか。
・たろう君のリュックサックの色は何色でしたか。
・たろう君はクジャクさんから羽根を何枚もらいましたか。
・たろう君はリスさんから何をもらいましたか。

集団テスト

5 おやつ運びゲーム

赤、青、黄色、緑の4チームに4、5人ずつ分かれる。チームはテスターが決める（番号順）。マットの上に用意されているさまざまな食べ物（魚、肉、ドングリ、バナナ、ササ、ペロペロキャンディーなどの絵が、箱や発泡スチロール、ペットボトル、コーンに貼ってあるもの）を、生き物（ウサギ、パンダ、ライオン、アリ）の絵がついたカゴに運ぶ（考査日によってサルやクマなど生き物の組み合わせは異なる）。どの食べ物をどの生き物に運ぶかチームで相談して決め、食べ物をみんなで自分のチームの色の布に載せて運び、カゴに入れる。「始め」の合図で行い、「やめ」と言われるまで運び続ける。
〈約束〉
1回に運べる食べ物は1個だけ。運んでいるときに落としてしまったら手で布に載せてよいが、運んでいるときは触ってはいけない。食べ物をカゴに入れるときは布を床の上に置き、手で持って入れる。カゴのところから戻るときは走らない。ゲームが終わったら食べ物は元のところに片づける。

運動テスト

指示行動・スキップ

全員（約20人）で音楽に合わせてスキップしながら、4つのコーンの周りを回る。音楽が止まったらスキップをやめる。コーンの内側に入らない、前の人を抜かさないなどのお約束がある。

保護者面接

父　親

・志望理由をお話しください。
・学習院初等科にどのようなことを期待しますか。
・お忙しいと思いますが、お子さんとどのようにかかわっていますか。
・休日はお子さんとどのように過ごしていますか。
・お子さんが生まれて変わったことは何ですか。
・子育ての役割分担はご夫婦でどのようにされていますか。
・子育てをする中で、考え方が変わったことはありますか。
・学生時代や社会人としての経験で、子育てに役立っていることは何ですか。
・子育てではどのようなことに気をつけていますか。
・これまでどのようなときにお子さんの成長を感じましたか。
・ご自身のことで、お子さんに誇れることは何ですか。
・子育てで最近難しいと感じることは何ですか。

母 親

・学習院初等科に何を望まれますか。
・子育てにおいて大切にしていることは何ですか。
・お子さんは幼稚園（保育園）でどのような遊びをしていますか。
・お子さんが大切にしているものは何ですか。
・お子さんが好きな絵本についてお話しください。
・お子さんとご家庭で約束していることはありますか。それは何ですか。
・食事はどのようなことに気をつけていますか。
・子育てで最近難しいと感じることは何ですか。
・ご家庭で大切にしていることは何ですか。
・子育てについてご夫婦で約束していることはありますか。
・学生時代やお仕事の経験で、子育てに役立っていることはありますか。
・ご自身のことで、お子さんに誇れることは何ですか。
・子育てをする中で、考え方が変わったことはありますか。
・ご夫婦でどのように協力して子育てをしていますか。

面接資料／アンケート

出願時に面接資料を提出する（自由提出）。以下のような記入項目がある。

・受験者氏名、性別、生年月日。
・志願の理由など。

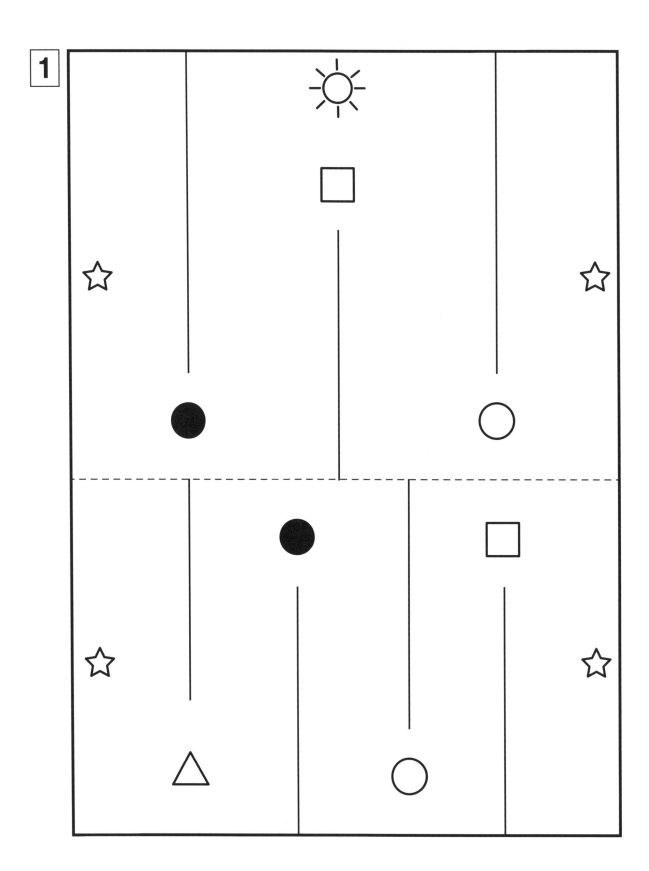

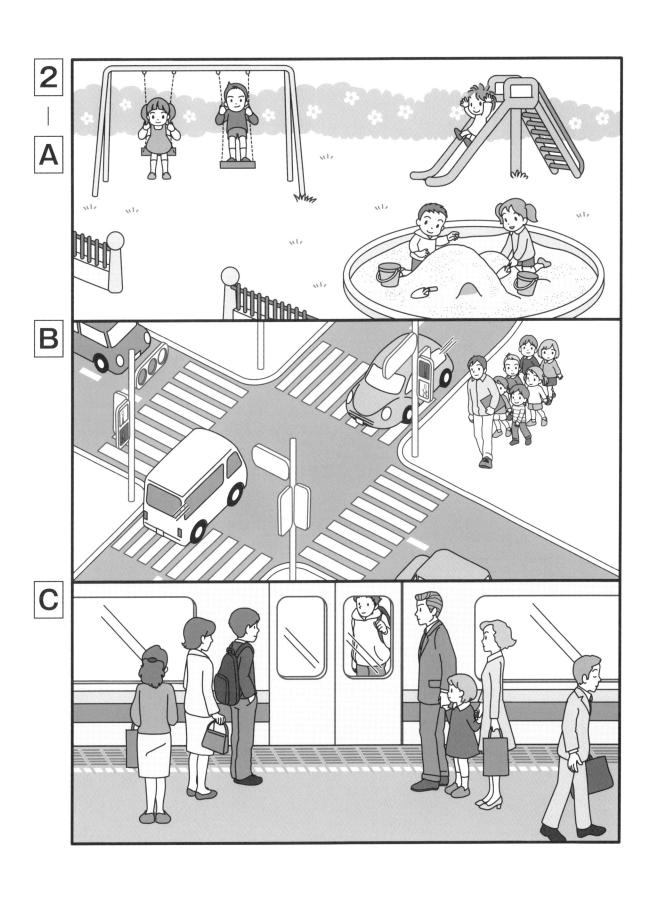

3

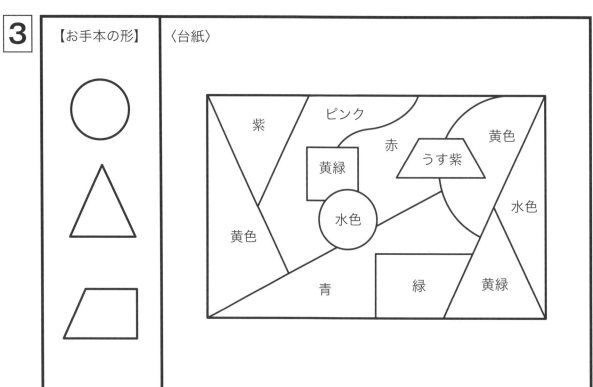

4

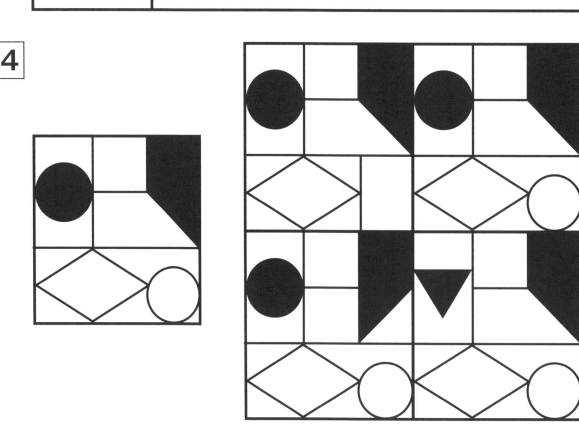

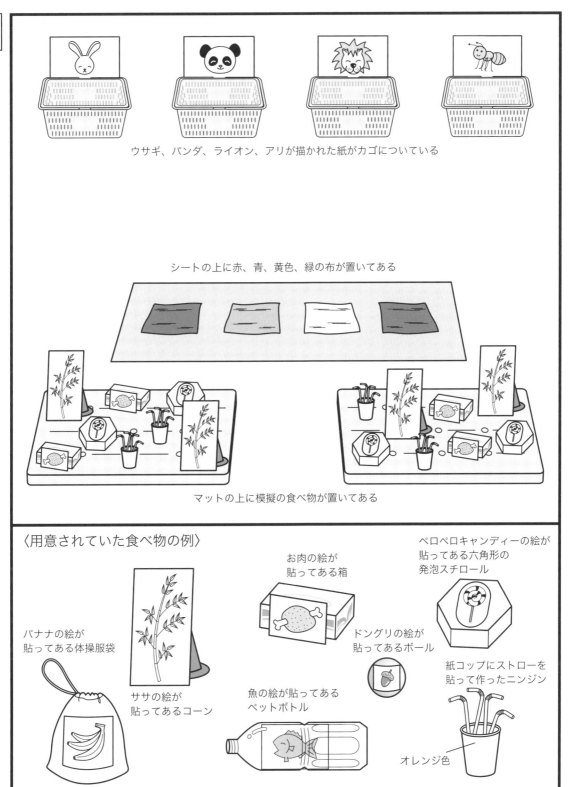

ウサギ、パンダ、ライオン、アリが描かれた紙がカゴについている

シートの上に赤、青、黄色、緑の布が置いてある

マットの上に模擬の食べ物が置いてある

〈用意されていた食べ物の例〉

お肉の絵が
貼ってある箱

ペロペロキャンディーの絵が
貼ってある六角形の
発泡スチロール

バナナの絵が
貼ってある体操服袋

ドングリの絵が
貼ってあるボール

ササの絵が
貼ってあるコーン

魚の絵が貼ってある
ペットボトル

紙コップにストローを
貼って作ったニンジン

オレンジ色

2015　学習院初等科入試問題

■ 選抜方法

男女別の生年月日順に受験番号が決まり、考査日時は5日間のうち1日が指定される。考査当日は約20人単位で集合し、子どもがつぼから番号札を引いてテスト番号が決まる。そのテスト番号順に約10人ずつ約15分の時間差で誘導され、個別テスト、集団テスト、運動テストが行われる。所要時間は1時間〜1時間45分。子どもの考査中に保護者面接を行う。

| 個別テスト

■ 生活習慣

いすの背にかかっているスモック（前ボタン3個・襟つき）を着る。「はい、いいですよ」と言われたら脱いで、いすの背にかける。

1 巧緻性

・お手本と同じになるように、下の絵にかいてある2本の線の間の点線を赤いクーピーペンでなぞり、続きの線をかきましょう。かき終わったら、チョウチョとチョウチョ、花と花がピッタリ合うように2つに折りましょう。

2 生活習慣

・左のお手本と同じになるように、机に置いてある道具を箱の中に片づけましょう。

3 推理・思考

果物が描かれた4種類のカードがついている、輪になったリボンのお手本を見せられる。テスターは、リボンの一部についているマジックテープを外し、リボンが1本になる様子を見せる。1本に伸ばしたリボンがいくつか描かれたプリントが配られる。

・（テスターがお手本のイチゴとブドウの間を指でさして）ここでリボンを切るとどうなりますか。合うものをプリントから選んで指でさしましょう。

・（テスターがプリントの上から3つ目を指でさして）このような様子になるのは、どこでリボンを切ったときだと思いますか。お手本の切ったらよいと思うところを指でさしましょう。

4 常識（想像力）

・（テスターが、絵の中のぽつんと1人でいる男の子を指でさして）この男の子はどんな

気持ちだと思いますか。お話ししましょう。

・あなたが男の子の近くにいたら、どのように声をかけますか。

集団テスト

5 魚釣りゲーム

4、5人で1組となり、ゲームを行う。色クリップのついた海の生き物と、磁石のついた釣りざおが用意されている。グループによって釣るものの指示や釣りざおの数が違う。海に見立てたマットの手前に線が引いてあり、線から出ないように言われる。

・マットの上の青いクリップがついた海の生き物を、釣りざおで釣ってバケツに入れましょう。違う色のクリップがついた海の生き物を釣ったときはマットの上に戻してください。

・グループの全員が釣り終わったら、バケツの中にマットの上のものを全部入れましょう。

身体表現

マットの上にウシ、ネコ、イヌ、ヒヨコ、ウマ、ウサギなどの動物のお面が用意されている。グループによりお面の種類は異なる。

・お面を1つ選んで頭につけましょう。お面をつけたらその動物に変身して、マットの周りを1周回りましょう。

行動観察（タワー作り）

4、5人で1組になる。マットの上に六角形や丸や三角などのソフト積み木や、段ボール箱などが置いてある。

・みんなで協力して、マットの上にできるだけ高くなるように、ソフト積み木や段ボール箱を積みましょう。「やめてください」と言われたら手を止めましょう。

運動テスト

指示行動・スキップ

床の上に円がかいてある。

・線の上をスキップで進みます。笛が鳴ったら、手を上・前・後ろと順番にたたきながらスキップしましょう。

屈　伸

・手を横に広げて両ひざを屈伸しましょう。

・腕を前に伸ばし、両手を組んで両ひざを屈伸しましょう。手を体につけてはいけません。

・腕を後ろに伸ばし、両手を組んで両ひざを屈伸しましょう。手を体につけてはいけません。

保護者面接

父 親

・志望理由を教えてください。

・本校に期待していることは何ですか。

・子育ての方針についてお話しください。

・子育てにおいてご夫婦で協力されていることは何ですか。

・子育てをしていて視点が変わったことは何ですか。

・最近お子さんが成長したと思うことは何ですか。

・将来、どのような子になってほしいと思いますか。

・普段、お子さんとどのように過ごしていますか。

・ご自身のことで、お子さんに誇れることは何ですか。

・学生時代や就職後の経験で子育てに役立つことは何ですか。

母 親

・子育てにおいてどのようなことを大切になさっていますか。

・子育てをしていてうれしかったこと、幸せに思ったことは何ですか。

・子育てをしていくうえで考え方が変わったことは何ですか。

・家族で大事にしていることは何ですか。

・お子さんが成長したと感じるエピソードを教えてください。

・お子さんはほかのお子さんとどのようにして遊んでいますか。

・お子さんが大切にしているものは何ですか。

・将来、どのような子になってほしいと思いますか。

・お子さんはどのようなお手伝いをしていますか。

面接資料／アンケート

出願時に面接資料を提出する（自由提出）。以下のような記入項目がある。

・氏名、性別、生年月日について。

・志願の理由や家族のことについて。

1 【お手本】

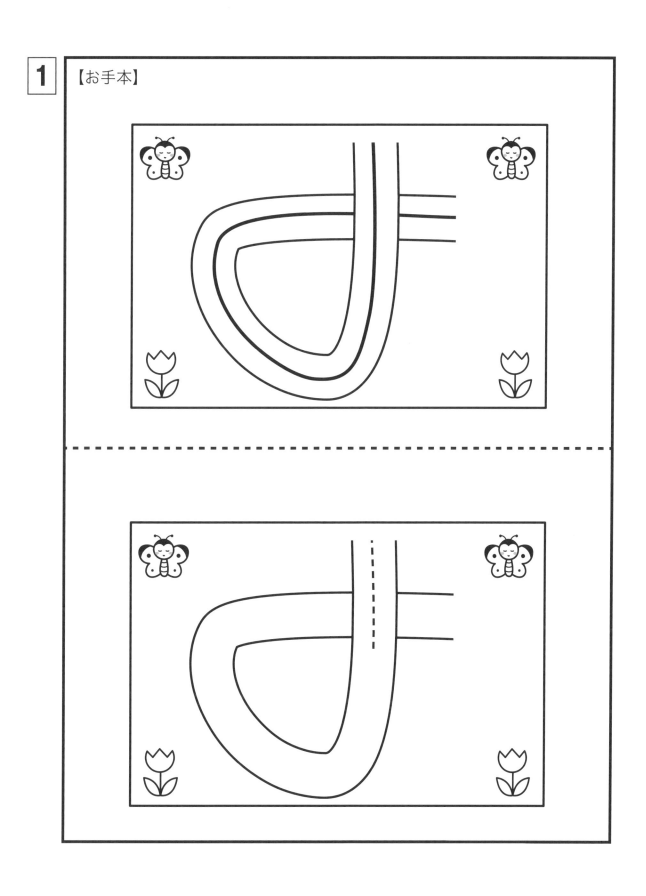

2 【お手本】

4つ折りのハンカチ

図鑑　筆箱

どうぶつたち

巧緻性の課題で2つ折りに
した台紙

クーピーペンの箱

巧緻性の課題で2つ折り
にした台紙

広げた
ハンカチ

どうぶつたち

クーピー
ペンの箱

図鑑

筆箱

---

3 【お手本】　　〈プリント〉

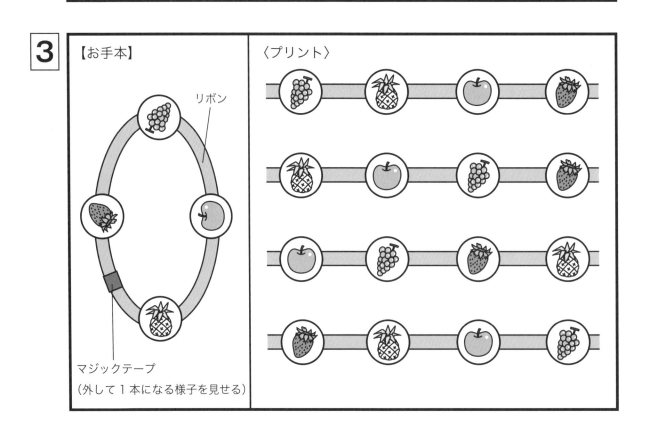

リボン

マジックテープ
（外して1本になる様子を見せる）

2015

磁石がついた釣りざお

色クリップが
ついた海の生き物

2014 学習院初等科入試問題

■ 選抜方法

男女別の生年月日順に受験番号が決まり、考査日時は5日間のうち1日が指定される。考査当日は約20人単位で集合し、子どもがつぼから番号札を引いてテスト番号が決まる。そのテスト番号順に約10人ずつ約15分の時間差で誘導され、個別テスト、集団テスト、運動テストが行われる。所要時間は1時間～1時間45分。子どもの考査中に保護者面接を行う。

▌ 個別テスト

■ 生活習慣

入室したら、出入り口近くにあるカゴの中からスモック（前ボタン3個・襟つき）を出して着る。退室時にスモックを脱いでカゴに戻す。

1 巧緻性

・上のお手本と同じになるように、赤のクーピーペンで下の絵の点線をなぞり、続きの線をかきましょう。かき終わったら、ウサギとウサギ、クマとクマがピッタリ合うように折りましょう。

2 お話作り・絵の記憶

※グループによって A、B などの組み合わせで絵は異なる。

・上の段です。3枚の絵を見てお話を作ってください（グループによっては絵を指でさしながら「男の子は何と言いましたか」「あなたならどうしますか」などの質問がある）。

・下の段です。（裏返して表の絵を隠す）今見た絵の中にあったものを指でさしてください。

3 構 成

プラスチックの箱と積み木が6個置いてある。

・箱にピッタリ積み木を入れるにはどのようにしたらよいか考えて、積み木を箱の横に積んでください。ただし、箱に触ってはいけません（テスターが途中まで積んでくれる）。

▌ 集団テスト

■ お片づけ競争

（テスターがやり方を見せてくれる）

机の上に用意されているもの（ボール、色水の入ったペットボトル、人形、野菜など）をレジャーシートに載せて、「やめ」と言われるまでできるだけたくさん運ぶ。運んだものはそれぞれのカゴに入れる（品物ごとにカゴが用意されている）。グループのみんなで協力する。運ぶときは歩いて持っていく。

🔲 共同制作・お話作り

たくさんの発泡スチロール製の積み木といくつかの人形が置いてある。

・グループのみんなで協力して人形のお家を作りましょう。

・（作った後）このお人形たちはどのように暮らしたのか、みんなで考えてお話ししてください。

運動テスト

🔲 指示行動

1人ずつ四角の中に立つ。テスターの動き（四角の中にしゃがむ→片足で立つ→手を上で合わせてロケットのような形になる→ケンケンをしながら、その場でひと回りする→しゃがむ→逆の足に替えて片足立ちし、同じ動作をしてしゃがむ）を見る。まずはしゃがんで「始め」と言われたら立ち上がり、テスターがしたのと同じことをする。「やめ」と言われるまでやり続ける。

🔲 クモ歩き

黒い線からスタートし、赤い線までクモ歩きで進む。終わったら気をつけをして待つ。

保護者面接

父 親

・志望理由を教えてください。

・最近、どのようなことでお子さんをほめましたか。

・学生時代や社会人になってからの経験で子育てに役立っていることは何ですか。

・子育てで気をつけていることは何ですか。

・学習院初等科に期待することは何ですか。

・子育てで最近難しいと感じることは何ですか。

・休日はお子さんとどのように過ごしていますか。

・お子さんが生まれて変わったことは何ですか。

・子育てにおいてご夫婦で協力していることは何ですか。

母　親

・お子さんの好きな遊びを教えてください。

・お子さんが成長したと感じるエピソードを教えてください。

・お子さんはお友達とどのように遊んでいますか。その様子を教えてください。

・お子さんが大切にしているものは何ですか。

・お子さんはどのようなお手伝いをしていますか。

・子育てで難しいと感じることは何ですか。

・最近、子育てでうれしいと感じたことは何ですか。

・ご自身がお子さんに誇れることは何ですか。

・子育てをしていく中で考え方が変わったことは何ですか。

面接資料／アンケート

出願時に面接資料を提出する（自由提出）。以下のような記入項目がある。

・氏名、性別、生年月日について。

・志願の理由や家族のことについて。

1

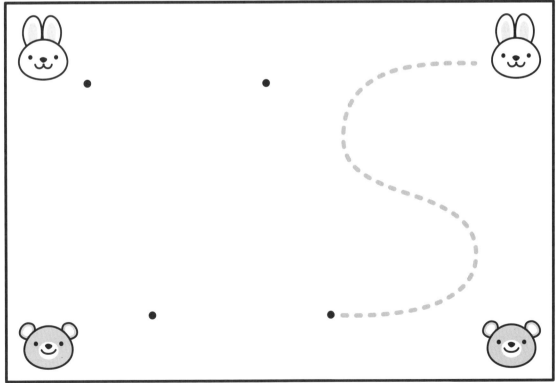

3

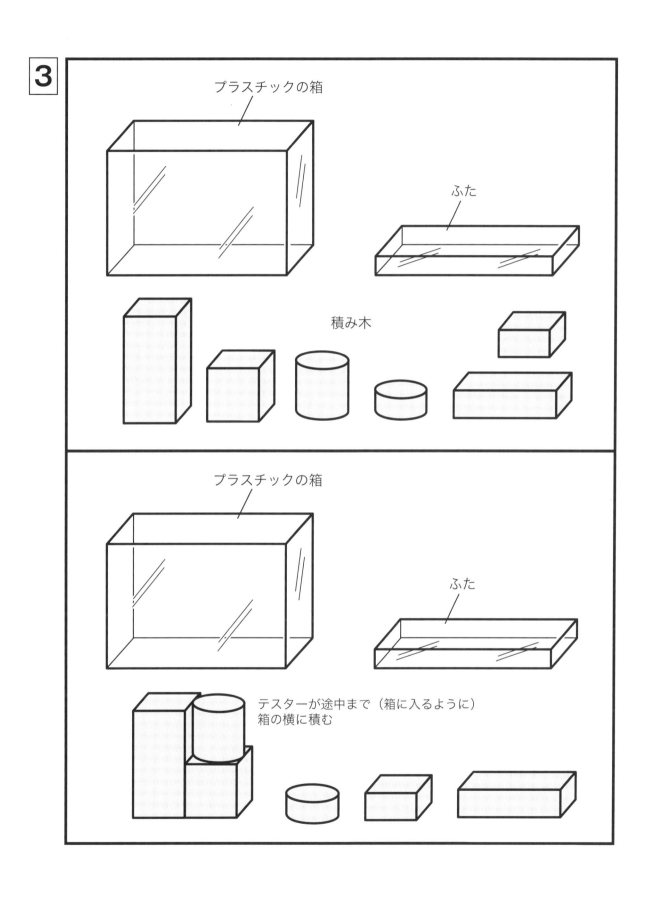

プラスチックの箱

ふた

積み木

プラスチックの箱

ふた

テスターが途中まで（箱に入るように）
箱の横に積む

学習院初等科
入試シミュレーション

学習院初等科入試シミュレーション

1 話の記憶

よくお話を聞いてください。
「たけし君のお家は、おじいさん、おばあさん、お父さん、お母さん、お姉さん、そして
たけし君の6人家族です。今日は天気がよいのでみんなで遊園地に行きました。お昼ごは
んは遊園地のレストランでスパゲティを食べました」

・上の段です。たけし君の家族が描かれている絵を指でさしてください。
・真ん中の段です。お昼ごはんは何でしたか。その絵を指でさしてください。
・下の段です。家族みんなでどこに遊びに行きましたか。その絵を指でさしてください。

2 絵の記憶

上の絵を約20秒間見せて隠した後、下の絵を見せる。
・さっきなかったものはどれですか。下の絵に×をつけましょう。

3 位置・記憶

上の絵を約20秒間見せて隠した後、下の絵を見せる。
・サルはどこにいましたか。その場所に○をかきましょう。
・イヌはどこにいましたか。その場所に△をかきましょう。
・クマがいた場所の2つ上に□をかきましょう。
・ウサギがいた場所の1つ左に×をかきましょう。

4 構　成

・左端の形を作るのに、すぐ右の形とどの形を組み合わせたらよいですか。右の5つの中
から探して○をつけましょう。

5 推理・思考（四方図）

・机の上にあるものを、向こう側にいる子どもから見ると、どのように見えますか。それ
ぞれ下の4つの中から選んで○をつけましょう。

6 構　成

・上に描かれているカードを組み合わせてできる絵はどれですか。それぞれ下の4つの中
から選んで○をつけましょう。

7 推理・思考（四方図）

・それぞれの積み木を上から見るとどのように見えますか。右の４つの中から選んで○を
つけましょう。

8 推理・思考（重ね図形）

・左の２枚の絵は、透き通った紙にかいてあります。そのまま重ねると、どのようになり
ますか。右から選んで○をつけましょう。

9 数量・記憶・位置

上の段です。

・たけし君はスーパーへお買い物に行き、リンゴ３つと、ダイコン１本と、メロン１つを
買いました。果物の仲間を合わせていくつ買いましたか。その数だけリンゴの四角に○
をかきましょう。

・子どもが５人、横１列に並んでいます。ちょうど真ん中の子は右から数えると何番目に
なりますか。１番目だったら○を１つ、２番目だったら○を２つというように、その順
番の数だけブドウの四角に○をかきましょう。

下の段です。指示されたところにそれぞれの印をかきます。

・一番下の段の右端に○をかきましょう。
・真ん中の段の左から２番目に△をかきましょう。
・一番上の段の左から３番目に□をかきましょう。
・リンゴの右斜め上に◎をかきましょう。
・バナナの２つ下に×をかきましょう。

10 お話作り

・この６枚の絵の中から、３枚の絵を選んでお話を作りましょう。
・残りの絵の中から２枚を選んでお話を作りましょう。

11 観察力

・上の絵と下の絵はどこが違いますか。違うところを探して下の絵に×をつけましょう。

12 模　写

・お手本と同じになるように描きましょう。色が塗ってあるところは色も塗りましょう。

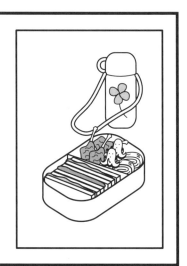

2

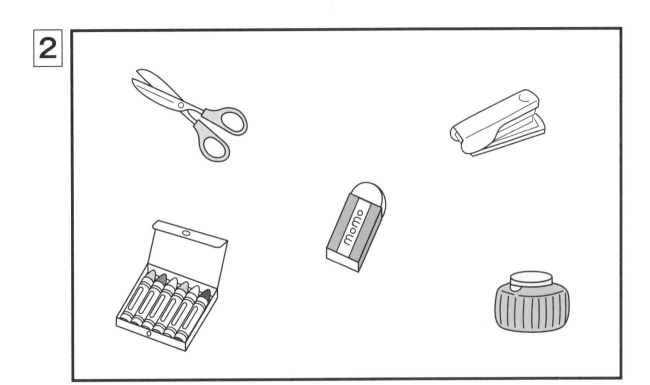

3

4

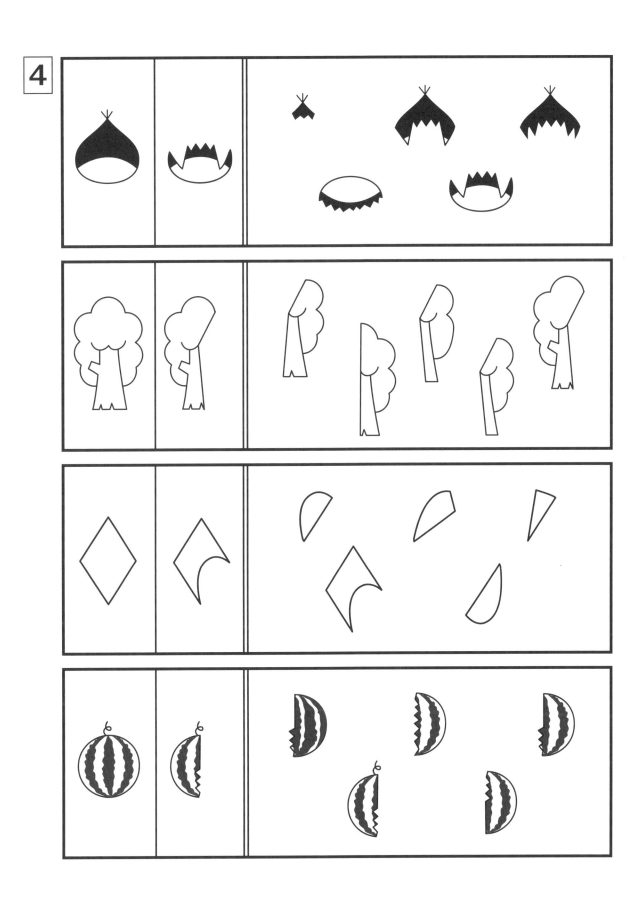

6

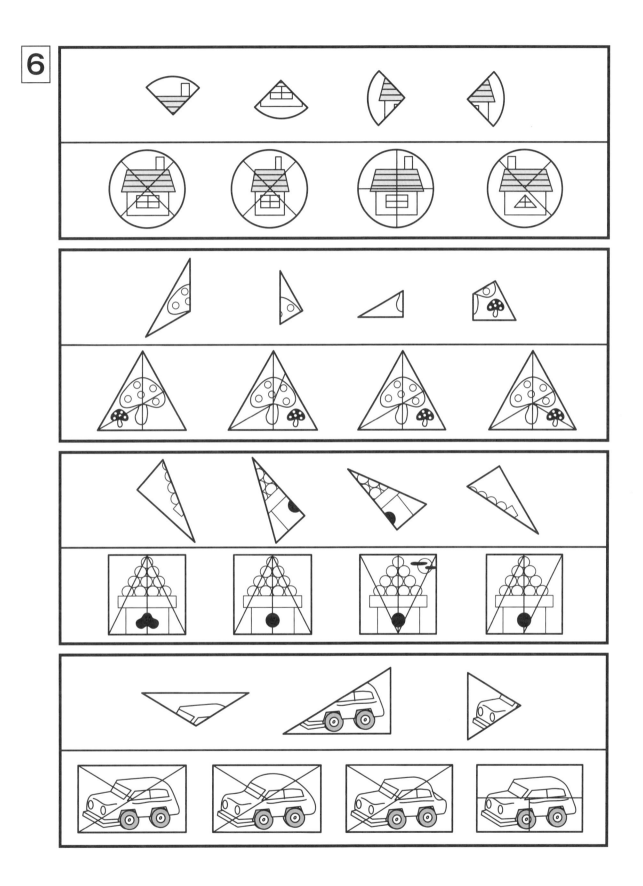

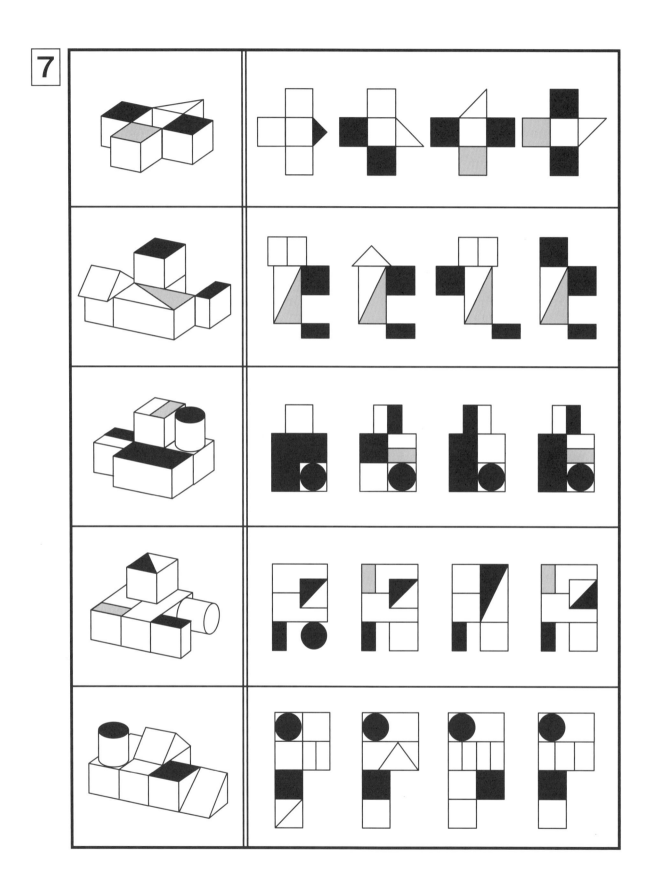

8

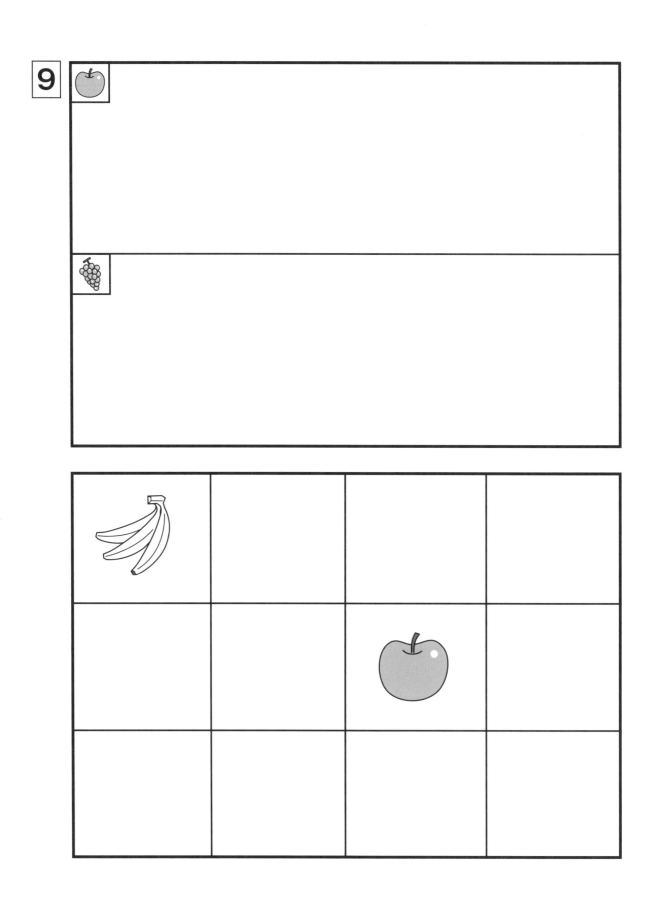

10

11

2024 学校別過去入試問題集

 年度別入試問題分析【傾向と対策】　 学校別入試シミュレーション問題　 解答例集付き

伸芽会の有名小学校合格シリーズ
Shinga-kai

カラーページ増殖中！
※2022年秋実施の入試問題を含む
過去5〜15年間分
全44冊52校掲載
定価3410円〜3520円
（本体3100円〜3200円＋税10%）
解答例集付き
ミシン線入り

全国の書店・伸芽会出版販売部にお問い合わせください。

 伸芽会　 出版販売部 **03-6914-1359** （10:00〜18:00 月〜金）

〒171-0014 東京都豊島区池袋2-2-1 7F　https://www.shingakai.co.jp

2023年2月より
順次発売中！

© '06 studio*zucca

［過去問］ 2024

学習院初等科
入試問題集

解答例

入試シミュレーションの
解答例もあります！

© 2006 studio*zucca

Shinga-kai

1

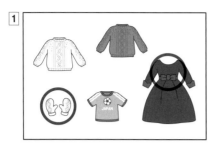

1

2

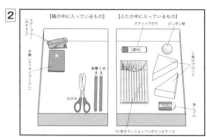

3

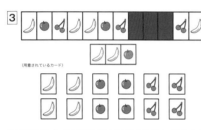

5

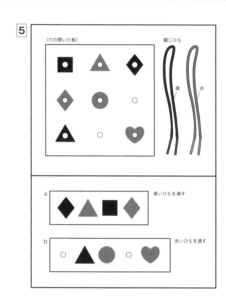

4

※ **4** は解答省略

1
A

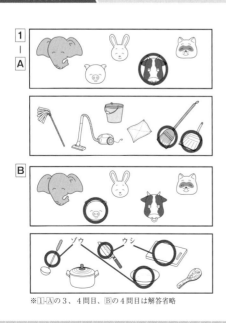

B

※ **1**-**A** の3、4問目、**B** の4問目は解答省略

2

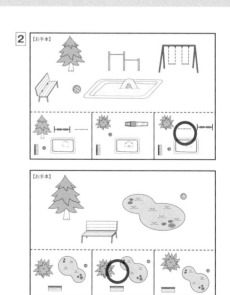

3
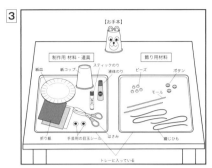

【お手本例】いずれか1つを示される
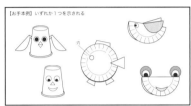

※3は解答省略

4
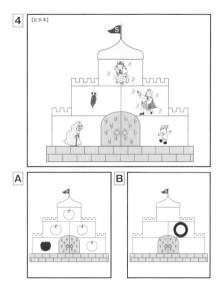

5
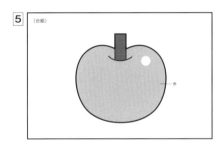

6 【お手本例】いずれか1つを示される

1

2
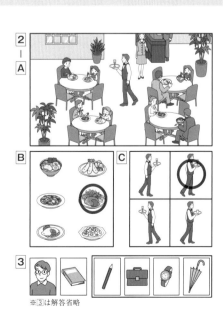

※3は解答省略

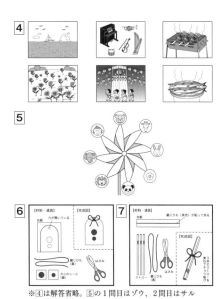

※4は解答省略。5の1問目はゾウ、2問目はサル

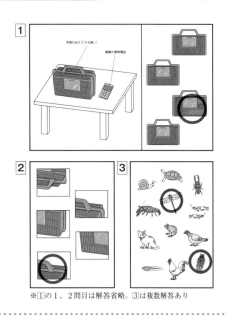

※1の1、2問目は解答省略。3は複数解答あり

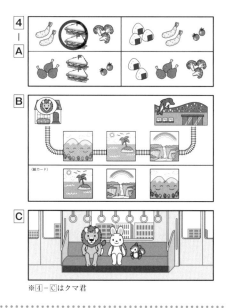

※4−Cはクマ君

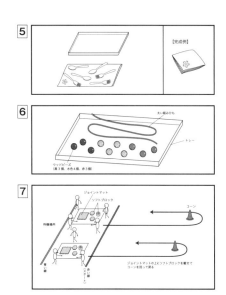

1

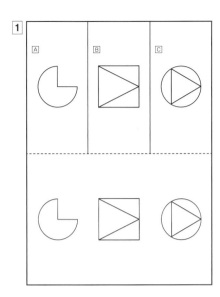

2

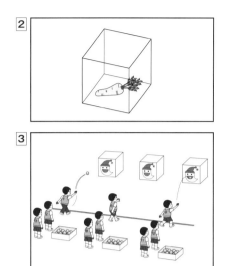

※ **2** は解答省略

4

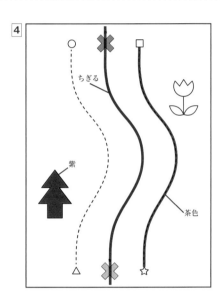

1

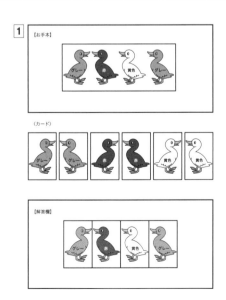

2

※ **2** は解答省略

3

〈カード〉

※3は複数解答あり

4
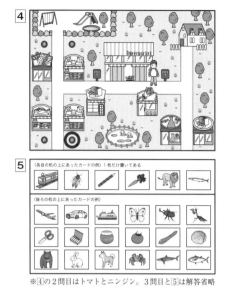

5 〈各自の机の上にあったカードの例〉1枚だけ置いてある

〈後ろの机の上にあったカードの例〉
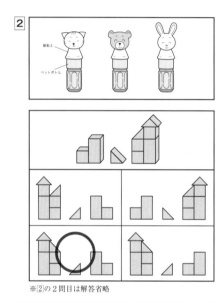

※4の2問目はトマトとニンジン。3問目と5は解答省略

1

※1の2問目と3問目は解答省略

2

※2の2問目は解答省略

3

コアラ　クマ　ネコ

〈カード〉

4
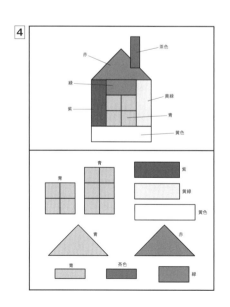

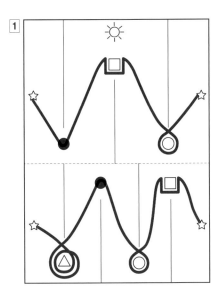

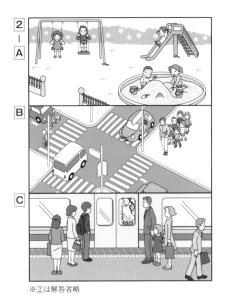

※②は解答省略

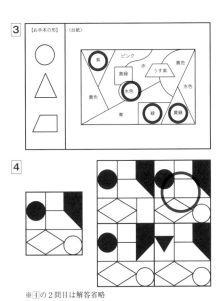

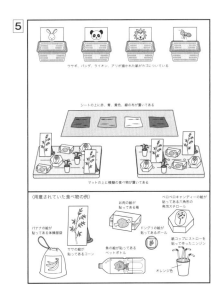

※④の2問目は解答省略

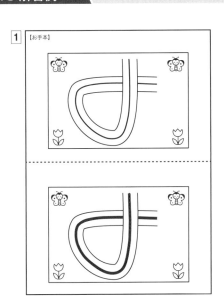

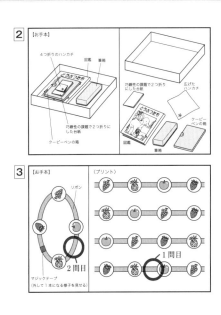

4

5

磁石がついた釣りざお

色クリップが
ついた海の生き物

※4は解答省略

1

2
A

B

3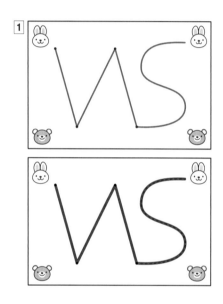

プラスチックの箱

ふた

積み木

プラスチックの箱

ふた

テスターが途中まで（箱に入るように）
箱の横に積む

1

2

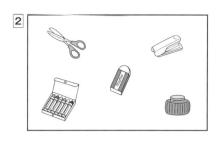

3

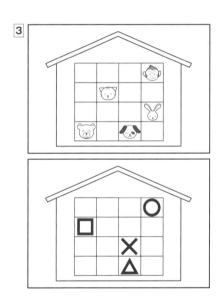

4

5

6

7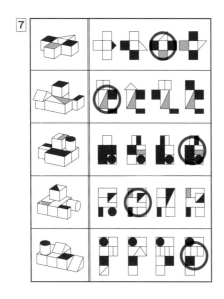

8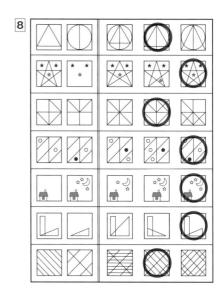

9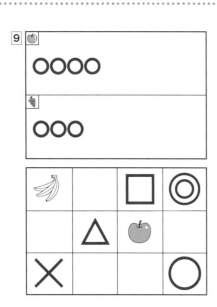

10

※10 は解答省略

11

12

memo

Shinga-kai